Uni-Taschenbücher 608

UTB

Eine Arbeitsgemeinschaft der Verlage

Birkhäuser Verlag Basel und Stuttgart
Wilhelm Fink Verlag München
Gustav Fischer Verlag Stuttgart
Francke Verlag München
Paul Haupt Verlag Bern und Stuttgart
Dr. Alfred Hüthig Verlag Heidelberg
Leske Verlag + Budrich GmbH Opladen
J. C. B. Mohr (Paul Siebeck) Tübingen
C. F. Müller Juristischer Verlag – R. v. Decker's Verlag Heidelberg
Quelle & Meyer Heidelberg
Ernst Reinhardt Verlag München und Basel
F. K. Schattauer Verlag Stuttgart-New York
Ferdinand Schöningh Verlag Paderborn
Dr. Dietrich Steinkopff Verlag Darmstadt
Eugen Ulmer Verlag Stuttgart
Vandenhoeck & Ruprecht in Göttingen und Zürich
Verlag Dokumentation München

Heinz Nolzen

Bibliographie Allgemeine Geographie

Grundlagenliteratur der Geographie als Wissenschaft

Ferdinand Schöningh · Paderborn

Der Autor:

Dr. rer. nat. Heinz Nolzen, 1940 geboren in Bochum, 1959–1965 Studium der Geographie, Mathematik, Physik, Geologie, Pädagogik und Philosophie an den Universitäten Münster i. Westf., Freiburg i. Br. und Bonn, 1965–1966 Studienreferendar, 1966–1967 Studienassessor, 1967–1972 Wissenschaftlicher Assistent am Geographischen Institut I der Universität Freiburg i. Br., 1969 Promotion über ein hydrologisches Thema, anschließend dreimonatige Forschungsreise als Consultant der UNESCO in verschiedene Mittelmeerländer im Rahmen der Internationalen Hydrologischen Dekade, 1970 Gödecke-Forschungspreis der geowissenschaftlichen Fakultät der Universität Freiburg, seit 1972 Dozent und seit 1974 Professor an der Pädagogischen Hochschule Freiburg i. Br.

Arbeitsgebiete: Hydrologie, Geomorphologie, Landeskunde (Süddeutschland, Alpenländer, Mittelmeerländer), Spiralcurriculum Wasser (Teilprojekt des Raumwissenschaftlichen Curriculum-Forschungsprojekts (RCFP) des Zentralverbandes der Deutschen Geographen), Computereinsatz in Geographiestudium und Erdkundeunterricht, geographische Planspiele zum Themenbereich Umweltsicherung.

Eine kritische „Bibliographie Didaktik der Geographie“ durch Prof. Dr. J. Birkenhauer ist veröffentlicht als UTB-Nr. 554 im Schöningh-Verlag.

Herstellung: Ferdinand Schöningh, Paderborn

Einbandgestaltung: A. Krugmann, Stuttgart

ISBN 3-506-99182-5

Inhaltsverzeichnis

Vorwort

Versucht wurde eine „kritische Bibliographie", die es Studierenden der Geographie und im Beruf stehenden Geographen erlaubt, sich über Wert und Unwert eines Beitrages zu orientieren. Eine Hilfe soll das Buch insbesondere denjenigen sein, die in irgendeiner Form, als Student, als Lehrer oder in anderer Funktion mit der Schulgeographie befaßt sind bzw. sich mit ihr befassen wollen. Daß bei allem Streben nach möglichst unvoreingenommener Beurteilung der Verfasser selber auch Standpunkte besitzt, die sich bemerkbar machen, sollte Verständnis finden. Gelegentlich werden einzelne Beiträge inhaltlich mehr oder weniger nur referiert, ohne Stellung zu beziehen. Aufgrund des Referierens sollte der Leser jedoch die Möglichkeit erhalten, sich über die Brauchbarkeit für seine eigenen Zwecke selbst zu entscheiden. Das Fehlen eines Referats zu einem Titel ist nicht zu verstehen als Ablehnung oder Kritik, sondern dient der Vollständigkeit – sei es, daß es dem Verfasser nicht möglich war, selbst den Titel zu erhalten, oder sei es, daß dieser Titel so selbstverständliches Rüstzeug bietet, daß es keines weiteren Kommentars bedarf.

Erläuterungen

Die Bibliographie behandelt im wesentlichen Literatur der Allgemeinen Geographie, kaum dagegen Beiträge zur geographischen Länderkunde. Mit dieser Beschränkung ist – angesichts der Diskussion um den Stellenwert der regionalen Geographie – keinerlei Wertung dieser wissenschaftlichen Disziplin verbunden. Ausschlaggebend war vielmehr die Einsicht, daß eine kritische Sichtung der länderkundlichen Literatur von einem Einzelnen kaum zu leisten ist. Der Zugang zur regionalen Geographie ist mit Hilfe der Abschnitte 1.2 (Bibliographien), 1.3 bzw. 1.3.1 (Allgemeine Nachschlagewerke etc.) möglich. Im Abschnitt 1.3.1 muß in diesem Zusammenhang besonders das „Westermann Lexikon der Geographie" genannt werden. Erwähnt seien auch die preiswerte neunbändige, die Erde umfassende „Fischer Länderkunde" (siehe 1.4), sowie die Reihe „Wissenschaftliche Länderkunden" der Wissenschaftlichen Buchgesellschaft Darmstadt, welche derzeit das umfangreichste Bemühen um eine detaillierte geographische Bestandsaufnahme einzelner Länder und Teilräume darstellt. Wo in der vorliegenden Bibliographie dennoch gelegentlich länderkundliche Titel aufgenommen wurden, handelt es sich um Beiträge, denen besonderer methodischer Wert beigemessen wurde oder die allgemein-geographisch wichtige Sachfragen behandeln.
Im wesentlichen wurde das deutsche, daneben auch angelsächsisches und französisches Schrifttum aufgearbeitet. Dabei wurde bis zum Erscheinungsjahr 1960 zurückgegangen. Aus früheren Jahren stammende Beiträge wurden nur dann behandelt, wenn sie heute noch von praktischem Wert sind bzw. im Range eines „Klassikers" stehen. Die Berichtszeit reicht bis zum Ende des Jahres 1975. Die vorliegende Bibliographie der Allgemeinen Geographie stellt notwendigerweise eine Auswahl dar. Für ergänzende Hinweise und Kritik sei deshalb jederzeit gedankt.

Zur Benutzung

Vereinzelt mag dem Leser die Ausgliederung von Teildisziplinen nicht vollständig oder nicht detailliert genug erscheinen. Er findet Literatur zu dem von ihm gesuchten Teilgebiet in solchen Fällen in der Regel unter dem zugehörigen Oberbegriff (z. B. die ländlichen Siedlungsformen unter 2.6.8 Siedlungsgeographie), bzw. er wird von dort weiter verwiesen. Die einzelnen Teile der Bibliographie sind durchnumeriert. Querverweise werden in der Form gemacht, daß zunächst die Ziffern von Abschnitt und Unterabschnitt genannt werden (z. B. 1.3); danach folgt der Name des Autors bzw. der Titel, auf den verwiesen wird. Die Beiträge sind alphabetisch nach den Namen ihrer Autoren geordnet; Literatur ohne Autorenangabe (z. B. Statistiken, Zeitschriften, Atlanten u. dgl.) ist alphabetisch nach dem Titel eingeordnet worden.
Ein vollständiger Querverweis würde also z. B. folgendermaßen aussehen: 2.6.8.1 – Autor bzw. Titel.
Im übrigen ergibt sich der Aufbau der Bibliographie aus dem Inhaltsverzeichnis.

1. ALLGEMEINER TEIL

1.1 Atlanten

AJL Die aktuelle JRO-Landkarte

– eine Landkartenzeitschrift modernen Stils
München, JRO-Verlag
erscheint monatlich außer im Juli und August

Die monatlich erscheinende Karte behandelt stets aktuelle Themen des Weltgeschehens, Politik, Wirtschaft, Technik, Kultur. Ihr beigegeben ist ein kurzer Kommentar mit Statistiken und Diagrammen.

Atlas des Formes du Relief

Institut Géographique National
Paris 1956, 179 S.

Einzigartige Sammlung von zum Teil stereographisch zu betrachtenden Karten und von Luftbildern, die den Formenschatz der Erdoberfläche vor Augen führt. Geologische Profile und kommentierende Texte ergänzen die Karten- und Luftbildbeispiele.

Atlas International Larousse politique et économique

Paris 1965, 272 S. Librairie Larousse

Loseblattatlas, im ersten Teil Topographie und politische Gliederung der Länder, im zweiten Teil Karten der Weltwirtschaft, darunter sehr brauchbare Verkehrskarten, ferner Statistiken. Kartographisch und drucktechnisch läßt der Atlas erhebliche Wünsche offen.

Bertelsmann Atlas International

Gütersloh 1972, 444 S., Bertelsmann Verlag

Hervorgegangen aus „Der große Bertelsmann Weltatlas" (siehe dort) und nur wenig verändert. 118 physikalische, 48 thematische Kartenseiten, 8 Seiten Mittelmeerreisegebiete.

Bodechtel, J. und H. G. Gierloff-Emden:
Weltraumbilder der Erde
München 1969, 160 S., Paul List Verlag

Sammlung farbiger Satellitenphotos, denen jeweils eine dasselbe Gebiet meist physisch-geographisch erläuternde Karte gegenübergestellt ist. Der Text wurde an mehreren Stellen mit mangelnder Sorgfalt abgefaßt.

Boesch, H.:
Wirtschaftsgeographischer Weltatlas
Bearbeitet am Geographischen Institut der Universität Zürich.
3. überarb. Aufl.
Bern 1975, 90 S., Kümmerly u. Frey

Der große Bertelsmann Weltatlas. Jubiläumsausgabe
Gütersloh 1966, 400 S., 160 Kartenseiten, Bertelsmann-Verlag

Der Große JRO-Weltatlas
Hrsg. E. u. H. Kremling
27. Aufl., 221 S., München 1973, JRO-Verlag

Deutscher Planungsatlas
Begr. u. vorber. v. d. Akad. f. Raumforschung und Landesplanung
Hannover, Jänecke-Verlag

Bei diesen Atlanten der einzelnen Bundesländer handelt es sich streng genommen meist nur um Planungsgrundlagenatlanten. Erschienen sind die Länderbände Schleswig-Holstein (1960), Hessen (1960), Bayern (1960), Niedersachsen und Bremen (1961), Berlin (1962), Rheinland-Pfalz (1965), Saarland (1965), Baden-Württemberg (1969), Nordrhein-Westfalen (1971), Hamburg.

Die Bundesrepublik Deutschland in Karten
Hrsg.: Statistisches Bundesamt, Institut für Landeskunde, Institut für Raumforschung
W. Kohlhammer Verlag Mainz 1965–1969

Atlas in Loseblattform mit den Maßstäben 1 : 1 000 000, 1 : 2 000 000 und vereinzelt 1 : 2 700 000. Umfassende kartographische Bestandsaufnahme der Raumstruktur des Bundesgebietes. Gliederung: 1. Allgemeine Übersichten und Verwaltungsgliederung, 2. Natur, 3. Bevölkerung, Gesundheits- und Erziehungswesen, 4. Wirtschaft, 5. Raumgliederung. Der Atlas enthält auch eine kartographische Auswertung der Volks-, Berufs- und Arbeitsstättenzählungen von 1960/61.

Goldmanns Handatlas
München 1965, 161 S., 92 Kartens., Goldmann-Verlag

Großer Herder Atlas
Freiburg i. Br. 1958, 792 S., Herder Verlag

Der Herausgeber, C. Troll, gibt ein Bild der gesamten Erde in physisch- und kulturgeographischer Sicht. Den Hauptteil des Werkes bildet der Kartenteil (224 S.) mit einer großen Zahl thematischer Sonderkarten. Ein 37 Seiten starker Bildteil vermittelt einen Eindruck typischer Landschaften aus allen Zonen der Erde, wobei die physischen und kulturellen Elemente gleichermaßen berücksichtigt sind. Der Textteil bringt auf 319 Seiten eine knappe, aber inhaltsreiche länderkundliche Darstellung der Länder der Erde in alphabetischer Reihenfolge.

Großer JRO-Atlas. Permanentausgabe
München 1966, 301 S., 141 Kartens., JRO-Verlag
(siehe 1.1 – AJL Die aktuelle IRO-Landkarte)

Haack Großer Weltatlas
Loseblatt-Atlas, separater Registerband 744 S.
Gotha/Leipzig 1960, VEB Hermann Haack

Die mäßig aussagekräftigen Karten dieses Atlas' genießen den Vorzug, infolge der Loseblattausgabe durch Karten des jeweils neuesten Informationsstandes ersetzt werden zu können.

Herders Großer Weltatlas
Freiburg i. Br. 1973, 450 S., 5. Aufl., Herder-Verlag

Humlum, J. und Thomsen, H. S.:
Kulturgeografisk Atlas I (Atlas of Economic Geography)
7. Aufl., Kopenhagen 1975, 139 Kartenblätter,
Gyldendal Verlag

Neben dem Oxford Economic Atlas of the World die wichtigste Quelle zur Orientierung über Weltwirtschaftsfragen.

Internationaler Atlas

526 S., viersprachiger Textteil mit Staatenübersichten, Bevölkerungszahlen, 224 S. Register, 280 Kartenseiten
Braunschweig 1972, G. Westermann Verlag / Rand McNally

Viersprachiger (Deutsch, Englisch, Französisch, Spanisch) topographischer Atlas. Besonders erwähnenswert ist die Kartenserie von 60 Stadtregionen der Erde im Maßstab 1 : 300 000, die einen Vergleich der wichtigsten städtischen Ballungsgebiete ermöglicht.

Knaurs Großer Weltatlas

München/Zürich 1971, Verlag Drömer/Knaur

Deutsche Bearbeitung von „The Times Atlas of the World – Comprehensive Edition". (siehe dort, 1.1 – The Times Atlas)

Luftbildatlanten Deutscher Bundesländer

Paul List Verlag, Karl Wachholtz Verlag

Meist hervorragende farbige Schrägaufnahmen werden landeskundlich kommentiert. Insgesamt ergibt sich ein guter landeskundlicher Überblick. Erschienen sind seit etwa 1965:

Luftbildatlas Schleswig-Holstein, Neumünster, 184 S.
Luftbildatlas Schleswig-Holstein II, Neumünster, 172 S.
Luftbildatlas Niedersachsen, Neumünster, 200 S.
Luftbildatlas Nordrhein-Westfalen, Neumünster, 180 S.
Luftbildatlas Rheinland-Pfalz, Neumünster
Luftbildatlas Bayern, Neumünster, 180 S.
Die Küsten Schleswig-Holsteins, Neumünster, 128 S.
Luftbildatlas Baden-Württemberg, Neumünster, 177 S.
Hessen in Karte und Luftbild, I u. II, Neumünster

In der gleichen Ausstattung erschien der
Luftbildatlas Österreich, Neumünster/Wien, 180 S.

Luftbildatlas Bundesrepublik Deutschland

Hrsg.: Muuß, U.
München/Neumünster, 1972, 180 S., 80 farb. Luftaufnahmen,
List-Verlag / Wachholtz-Verlag

Landeskundlicher Atlas mit meist guten Aufnahmen und Kommentaren.

Mayer, F.:
Erdöl-Weltatlas
herausgegeben von der Esso A.G., Hamburg
Braunschweig 1966, 142 S., G. Westermann Verlag

Der Atlas bietet außergewöhnlich detaillierte Informationen über Erdöl und Erdgasvorkommen, Häfen, Raffinerien, Verbundnetze usw. Zusätzliche Ländertexte nennen Fördermengen, Raffinerie-Kapazität, Verbrauch und Reserven für den Zeitraum 1959–1965 (Reserven 1965). Ferner enthält der Atlas einen technologischen Teil mit der Beschreibung geologischer Fragen, der Förderung, Verarbeitung u. a. mehr.

Meyers Großer Physischer Weltatlas
in 8 Teilatlanten, mit fünfsprachigen Legenden
Mannheim, 1965 ff., Bibliographisches Institut

Seit Oktober 1965 erscheinen unter dem Titel „Meyers Großer Physischer Weltatlas" wissenschaftliche Kartenwerke, die den jeweiligen Stand der Forschung in der betreffenden Disziplin wiedergeben. Der Atlas besteht aus den Teilbänden

Atlas zur Biogeographie, bearb. von J. Schmithüsen
Atlas zur Bodenkunde, bearb. von R. Ganssen und F. Hädrich
Atlas zur Geologie, bearb. von E. Bederke und H.-G. Wunderlich
Atlas zur Geomorphologie, bearb. von H. Poser und J. Hagedorn
Atlas zur Himmelskunde, bearb. von K. Schaifers
Atlas zur Klimatologie, bearb. von W. Dammann
Atlas zur Orographie, bearb. von K.-H. Wagner
Atlas zur Ozeanographie, bearb. von G. Dietrich und J. Ulrich.

Meyers Großer Weltatlas
herausgegeben vom Geographisch-Kartographischen Institut Meyer unter Leitung von Adolf Hanle. (2. Aufl.)
Mannheim, Wien, Zürich 1974, 621 S.
Geogr. Kartogr. Inst. Meyer

Topographischer Atlas konservativen Stils, der geographische Belange nicht immer voll berücksichtigt. So sind z. B. durch ungeschickte Unterteilung der Höhenstufen wichtige Landschaften wie Marsch, Geest oder Urstromtäler nicht voneinander zu trennen. Brauchbar sind die relativ großmaßstäbigen, herausklappbaren Großraumkarten.

Meyers neuer Handatlas
404 S., 24 S. mit Satelliten-Aufnahmen u. Abb. z. Himmelskunde
Mannheim 1974, Bibliograph. Institut

Meyers neuer geographischer Handatlas

herausgegeben und bearbeitet vom Kartographischen Institut Meyer Mannheim 1966, 416 S. (146 Kartenseiten), Bibliographisches Institut.

Brauchbares Nachschlagewerk mit physischen und politischen Karten und ca. 100 000 Stichwörtern sowie 71 Querschnitten durch Erd- und Meeresteile. Thematische Karten fehlen.

Neuer Atlas der Welt

Karten: Kartographisches Institut Bertelsmann, Länderlexikon W. Ludewig
Gütersloh 1966, 244 S., C. Bertelsmann-Verlag

Preiswerter Atlas für den Hausgebrauch mit 248 kurzen Länderbeschreibungen.

Neuer großer Weltatlas

Berlin, Gütersloh, Stuttgart 1975, 176 Kartenseiten, Reise- u. Verkehrsverlag, Lizenzausgabe für Bertelsmann Reinhard Mohn OHG, Gütersloh

Preiswerter Hausatlas neuen Typs, in dem zum erstenmal den topographischen Karten meist ausgezeichnete Luftbilder und Satellitenphotos verschiedener Thematik gegenübergestellt werden. Die Qualität der Texte fällt demgegenüber mitunter etwas ab. Ausgesprochen verbesserungswürdig sind die verwaschen wirkenden Landnutzungskarten der Kontinente.

Otremba, E. (Hrsg.):
Atlas der deutschen Agrarlandschaft
Wiesbaden 1962 ff., Franz Steiner Verlag

Teil I: Übersichtskarten zu den Einzelbeispielen
Teil II: Die deutsche Agrarlandschaft in ihrer Abhänigkeit von der Landesnatur
Teil III: Die Agrarlandschaft am Stadtrand
Teil IV: Das soziale Gefüge im Bilde der deutschen Agrarlandschaft in seinem geschichtlichen Werden und seinen Gegenwartsformen
Teil V: Die Bodennutzungssysteme in den deutschen Agrarlandschaften im Spiegel großmaßstäblicher Flurkartierung

„Der Atlas hat das Ziel, alle Zweige der deutschen agrar- und siedlungsgeographischen Forschung in einer Beispiel-Dokumentation zusammenzufassen sowie eine Übersicht vom Werden und Gegenwartsbild der deutschen Agrarlandschaft zu geben“ (Otremba). Hervorragendes Kartenwerk der bäuerlichen Kulturlandschaft.

Oxford Economic Atlas of the World
4. Aufl., London 1972, 242 S., Oxford University Press

Hervorragende Quelle zur Orientierung über Weltwirtschaftsfragen. Inhalt: Physical background (8 Kartenseiten), Agriculture and Fishing (24), Fuel and Power (9), Mineral Resources and Industry (22), Demography (16), Trade and Communications (11).

Oxford World Atlas
Oxford 1973, 200 S., davon 124 Kartenseiten,
Oxford University Press

Weltatlas, der vor allem durch die Vielzahl thematischer Karten sehr nützlich ist. Der Atlas ist unterteilt in die Karten: Ocean Maps, The Physical Environment (mit Angaben zu Klima, Morphologie und Geologie), The Human Environment (mit Angaben zur Bevölkerungsdichte, Landnutzung und Verkehrslinien), Topographic Maps, Urban Maps (mit Angaben zur Flächennutzung der Ballungsräume der Erde), Thematic Maps (Thematische Karten mit regionalen Schwerpunkten bei Nordamerika, Westeuropa und bei Weltübersichten. Die thematische Auswahl ist überaus interessant und vielseitig.) Ohne Zweifel ist der neue Oxford-Weltatlas einer der besten thematischen Atlanten überhaupt.

Pergamon World Atlas
P. W. N. – Poland 1968, 524 S.
Polish Scientific Publishers Warszawa

Den physischen Karten sind jeweils zahlreiche thematische Karten, Diagramme und kurze statistische Angaben über die behandelten Länder zugeordnet.

Schneider, S.; Strunk, E. (Hrsg.):
Deutschland neu entdeckt
Die Bundesrepublik Deutschland im farbigen Senkrechtluftbild
Mainz 1972, 208 S., 100 farb. Bildtafeln
v. Hase & Koehler Verlag

Einziger deutscher Luftbildatlas mit Senkrechtaufnahmen. Die hervorragenden Photographien werden durch landeskundliche Interpretationen ergänzt.

Scovel, J. L.; McCormack, J. C.; O'Brien, E. J.; Chapman, R. B.:
Atlas of Landforms
West Point, New York: Department of Earth, Space and Graphic Sciences, United States Military Academy.
New York, London, Sidney 1966, 155 S., John Wiley & Sons
(siehe 2.5.3 – Scovel)

The Times Atlas of the World
Comprehensive Edition
London 1967, 123 zweiseitige Karten, 271 S. Register
The Times Newspapers Ltd.

Den sehr detaillierten, fast ausschließlich physischen Karten sind 10 Kartenblätter mit thematischen Weltübersichten zur physischen und zur Anthropogeographie vorangestellt. In deutschsprachiger Bearbeitung erschien dieser ausgezeichnete Atlas als „Knaurs Großer Weltatlas" (siehe 1.1 – Knaurs)

The World Atlas
Moscow 1967, 250 Kartenseiten, separater Registerband: Index of Geographical Names, 1021 S.
Printing home No. 7 Iskra Revolutsii

Englische Ausgabe des russischen Atlas „Mira".

Topographische Atlanten Deutscher Bundesländer
List Verlag München, Wachholtz Verlag Neumünster

Beispielhafte Ausschnitte aus topographischen Karten (meist 1 : 25 000 bis 1 : 100 000) werden landeskundlich kommentiert. Kommentare und Auswahl der Kartenausschnitte sind unterschiedlich gut gelungen; insgesamt betrachtet, gibt diese Atlantenserie einen guten landeskundlichen Überblick. Erschienen sind

Topographischer Atlas Nordrhein-Westfalen, Bad Godesberg 1968, 350 S.
Topographischer Atlas Bayern, München 1968, 329 S.
Topographischer Atlas Schleswig-Holstein, Neumünster 1963, 184 S.
Die Landschaften Niedersachsens, Topograph. Atlas, Neumünster
Hessen in Karte und Luftbild, Topograph. Atlas, Neumünster

Visintin, L.; Bayer, H.; Goldmann, W. (Hrsg.):
Goldmanns Großer Weltatlas
Die Umwelt des Menschen. Astronomie, Geologie, Geographie, Klimakunde, Wirtschaft, Bevölkerungskunde
München 1963, 332 S. (222 S. Ktn.), Wilhelm Goldmann Verlag

Walter, H. und Lieth, H.:
Klimadiagramm-Weltatlas
Jena 1960 ff., VEB Gustav Fischer Verlag
(siehe 2.5.4 – Walter, H.)

World Atlas of Agriculture
under the aegis of the International Association of Agricultural Economists. Land utilisation maps and relief maps prepared by the commitee for the World Atlas of Agriculture
Istituto Geographico de Agostini, Novara 1969,
53 zweiseitige Karten.

Der Atlas bietet eine gute Übersicht über die landwirtschaftliche Nutzung der Erdoberfläche.

1.2 Bibliographien

Arnim, H.:
Bibliographie der geographischen Literatur in deutscher Sprache
Bibliotheka biliographica Aureliana. 23.
Baden-Baden 1970, 177 S., Verlag Heitz

Titelbibliographie (mehr als 1200 Titel) monographischer Literatur in sytematischer Aufgliederung. In zwei zusätzlichen Abschnitten werden Kartographie (Schrifttum und Atlanten) und die deutschsprachigen Zeitschriften nach 1945 behandelt.

Berichte zur deutschen Landeskunde
Bonn-Bad Godesberg

(siehe 1.5 – Berichte zur dt. Landeskunde)

Bibliographie géographique internationale
Paris 1921 ff., Centre National de la Recherche Scientifique

Bedeutendste geographische Bibliographie zu allen geographischen Disziplinen. Die Bibliographie verzeichnet Monographien und Aufsätze (Auswertung von ca. 1200 internationalen Zeitschriften). Erscheint jährlich. Der Berichtsrückstand ist jedoch erheblich (ca. 3 Jahre).

Bibliotheca Cartographica
herausgegeben vom Institut für Landeskunde in der Bundesforschungsanstalt für Landeskunde und Raumordnung in Verbindung mit der Deutschen Gesellschaft für Kartographie e.V.
Bonn-Bad Godesberg, erscheint halbjährlich

Internationale Bibliographie des kartographischen Schrifttums.

Board, C. u. a.:
Progress in geography. International review of current research, Herausgegeben von: Board, C.; Chorley, R. J.; Hagget, P.; Stoddart, D. R.
Vol. 1 1969, 222 S., Vol. 2 1970, 235 S., London, Verlag Arnold
(siehe 1.3 – Board)

Current geographical publications
Additions to the Research catalogue of the American Geographical Society. Ed. by Norris Felland
New York 1938 ff., American Geographical Society

Documentatio Geographica
Geographische Zeitschriften- und Serienliteratur, herausgegeben vom Institut für Landeskunde in der Bundesforschungsanstalt für Landeskunde und Raumordnung, Bonn-Bad Godesberg 1966 ff., erscheint jährlich
Laufende Bibliographie der gesamten geographischen Zeitschriften- und Serien-Literatur der Welt, soweit sie in lateinischen oder kyrillischen Lettern gedruckt ist.

Fochler-Hauke, G. (Hrsg.):
Allgemeine Geographie (Neuausgabe)
Das Fischer Lexikon, FL 14.
Frankfurt/M. 1968, 397 S., Fischer Bücherei
(siehe 1.3 – Fochler-Hauke)

Geographisches Jahrbuch
Gotha 1866 ff., Hermann Haack Verlag

Josuweit, W.:
Studienbibliographie Geographie.
Bibliographien und Nachschlagewerke.
Wissenschaftliche Paperbacks
Wiesbaden 1973, 122 S., Steiner Verlag
Sehr brauchbare annotierte Auswahlbibliographie der Bibliographien und bibliographisch weiterführende Nachschlagewerke zur Allgemeinen und Angewandten Geographie und zu ihren Nachbardisziplinen. Im Berichts-

bereich ist sie interantional orientiert, jedoch mit einem Schwerpunkt bei den Veröffentlichungen des deutschsprachigen und angelsächsischen Raumes. Die Berichtszeit reicht bis Februar 1973. Es wurden vor allem Titel aus den davorliegenden 15 Jahren berücksichtigt.

Meynen, E.:
Bibliography of mono- and multilingual dictionaries and glossaries of technical terms used in geography as well as in related natural and social sciences.
Wiesbaden 1973 (ca.), ca. 220 S., Steiner Verlag

Minto, C. S.:
How to find out in Geography.
A Guide to Current Books in Englisch
Oxford 1966, 99 S., Pergamon Press

Nützliches bibliographisches Hilfsmittel, das die wichtigsten geographischen Neuerscheinungen in englischer Sprache etwa seit 1960 zusammenstellt. Erfaßt worden sind auch Übersetzungen ins Englische.

Schmidt, R. D. und Streumann, Ch.:
Verzeichnis der geographischen Zeitschriften, periodischen Veröffentlichungen und Schriftenreihen Deutschlands und der in den letzteren erschienen Arbeiten.
Berichte zur deutschen Landeskunde, Sonderheft 7
Bad Godesberg 1964, 303 S.,
Bundesforschungsanstalt für Landeskunde und Raumordnung

Schöller, P. (Hrsg.):
Bibliographie zur Stadtgeographie
Deutschsprachige Literatur 1952–1970
Paderborn 1973, 139 S., Schöningh-Verlag
= Bochumer Geographische Arbeiten H. 14

Die Bibliographie enthält, nach Sachgebieten geordnet, 1455 Titel.
Siehe auch Schöller, P.: Tendenzen in der stadtgeographischen Forschung in der Bundesrepublik Deutschland, in: „Erdkunde", 1973.

Tesdorpf, J. C.:
Systematische Bibliographie zum Städtebau
Stadtgeographie – Stadtplanung – Stadtpolitik
Köln 1975, 618 S., Carl Heymann Verlag

Wertvolle, nach zahlreichen Fragestellungen aufgeschlüsselte Bibliographie zur Stadtplanung und ihren Teildisziplinen.

1.3 Allgemeine Nachschlagewerke, Statistiken, Taschenbücher, Hilfsmittel, Einführung in die Geographie

Amiran, D. H. K.; Schick, A. P. (Hrsg.):
Geographical Conversion Tables
International Geographical Union
Zürich 1961, 315 S., Verlag Aschmann & Scheller

In übersichtlicher Form bringt dieses fünfsprachige Tabellenwerk (Englisch, Französisch, Deutsch, Russisch, Spanisch) praktisch alle dem Geographen bedeutsamen Maßeinheiten und deren jeweilige Umrechnung in andere Maßsysteme.

Bartels, D. und Hard, G.:
Lotsenbuch für das Studium der Geographie als Lehrfach
Bonn, Kiel 1974, 274 S., ohne Verlagsangabe

Das Buch stellt eine Fortschreibung der 'Handreichung zum Studium der Geographie' von G. Hard und J. M. Nebe dar, wobei der Umfang jedoch wesentlich zugenommen hat (vgl. Hard, G. u. Nebe, J. M. Handreichung . . .). Bezüglich der praktischen Hinweise für Studienanfänger gilt, daß sie ebenso brauchbar sind wie die Hinweise in den 'Handreichungen', wenngleich der Anfänger infolge der enorm angeschwollenen Kapitel – stellenweise stehen Umfang und Inhalt in keinem Verhältnis zueinander – seine liebe Not haben dürfte. Das Entschuldigungsargument der Verfasser für die ungleiche Gewichtung einzelner Kapitel und der Literaturempfehlungen: ,,besser eine vorläufige und halbe als gar keine Anleitung" kann schwerlich akzeptiert werden. Inwieweit der Anfänger nach der Lektüre einen Begriff davon hat, was Geographie ist, muß bezweifelt werden. Zum einen ist für den Studienanfänger zu wenig erkenntlich, daß er hier mit einem Konzept konfrontiert wird, das längst nicht zum geographischen Allgemeingut gehört. Zum anderen wird er, nachdem zahlreiche traditionelle Inhalte der Geographie in Frage gestellt bzw. erst gar nicht erwähnt wurden, durch Feststellungen wie: „nicht mehr Geographie ist meistens das, was Geographie einmal sein wird" – auch nicht klüger, sondern eher verunsichert (S. 9).
Insgesamt also ein Studienführer mit begrüßenswerten Ansätzen, der in dieser Form aber noch nicht für Anfänger geeignet ist.

Benicke, W. (Hrsg.):
Geographie. Fischer Kolleg 9, Das Abitur-Wissen
Frankfurt/M. 1973, 283 S.,
Fischer Taschenbuch Verlag

An modellhaften Beispielen unternehmen die Autoren dieses Bandes den Versuch, den Kollegiaten des Gymnasiums, den Absolventen der Fachober-

schule und den Anfangssemestern der Hochschule „eine Vorstellung davon zu geben, was Geographie heute ist, sein kann und sein soll". Zur Darstellung gelangen Systemzusammenhänge im geo-ökologischen Bereich, sodann zahlreiche Beispiele für verschiedenartige Mensch-Raum-Beziehungen. Diese zeigen zunächst die Bedeutung der Naturfaktoren in der technisch-wirtschaftlichen Entwicklung auf und wenden sich dann zunehmend der Rückwirkung menschlicher Gruppen und deren technischer, wirtschaftlicher und gesellschaftlicher Entwicklung auf den Raum und seine Naturfaktoren zu.
Zum Abschluß des Bandes entwift H. Schrettenbrunner die Systematik einer Raumwissenschaft, in der einige Gedanken zur Diskussion um den Forschungsgegenstand der Geographie veranschaulicht werden. Auch wenn der Anfänger bei der Lektüre der wissenschaftstheoretischen Ausführung u. U. überfordert ist, kann das Taschenbuch wegen seiner anregenden Sammlung von Raumbeispielen als Einführungslektüre sehr empfohlen werden.

Board, Ch.; Chorley, R. J.; Haggett, P. und Stoddart, D. R. (Hrsg.):
Progress in Geography,
International Review of Current Research.
Bd. I, London 1969, 222 S., Edward Arnold

Sammelband einer neuen Reihe, in der zusammenfassende Übersichten einzelner, rasch in der Entwicklung befindlicher Teilgebiete der geographischen Forschung gegeben werden sollen. Der Schwerpunkt liegt dabei offensichtlich auf der allgemeinen und der modernen theoretischen Geographie, weniger dagegen auf der Länderkunde. 1973 erschien bereits Bd. V dieser Reihe.

Der Fischer Weltalmanach 1975
herausgegeben u. verfaßt von G. Fochler-Hauke
Frankfurt/M. 1974, 448 S., Fischer Taschenbuch Verlag

Der seit 1960 jährlich gegen Jahresende erscheinende Weltalmanach (Umfang jeweils etwa 450 S.) liefert stets neues, umfangreiches und zuverlässiges politisch-statistisch-geographisches Datenmaterial über die Staaten und Völker der Erde.

Entwicklungspolitik. Handbuch und Lexikon
Im Auftrag v. B. Hanssler u. H. H. Walz
hrsg. v. H. Besters und E. E. Boesch
Stuttgart, Berlin 1966, Kreuz Verlag;
Mainz 1966, Matthias Grünewald Verlag, 1770 Spalten

FAO-Production Yearbook 1970 ff., Vol. 24 ff. Rom 1971
(**F**ood and **A**griculture **O**rganization of the United Nations)

FAO-Yearbook of Fisheries Statistics. Rom 1956 ff.
(**F**ood and **A**griculture **O**rganization of the United Nations)

FAO-Yearbook of Forest Products Statistics. Rom 1955 ff.
(**F**ood and **A**griculture **O**rganization of the United Nations)

Fochler-Hauke, G. (Hrsg.):
Allgemeine Geographie, Neuausgabe
verfaßt von G. Fochler-Hauke, G. Glauert, K.-H. Paffen, G. Stratil-Sauer, E. Winkler
Das Fischer Lexikon, FL 14
Frankfurt/M. 1968, 397 S., Fischer Bücherei

55 Sachwortartikel behandeln Gegenstand und Methode der einzelnen geographischen Teildisziplinen sowie spezielle Themen und Begriffe der Geographie und ihrer Nachbarwissenschaften. Mit Hilfe des Registers (1700 Stichwörter) ist es in kurzer Zeit möglich, sich über die wichtigsten Fragen der allgemeinen Geographie einen Überblick zu verschaffen. Sehr nützlich ist auch das reichhaltige, nach Sachgebieten gegliederte Literaturverzeichnis, das auch die wichtigste ältere Literatur aufführt. Nicht zuletzt wegen des niedrigen Anschaffungspreises ist dieses Buch jedem Geographen zu empfehlen.

Geographisches Taschenbuch
und Jahrweiser zur Deutschen Landeskunde (E. Meynen, Hrsg.)
1949 ff., letzter Band 1970/72,
Wiesbaden 1972, Steiner Verlag

Das zur Zeit im Abstand von drei Jahren erscheinende Taschenbuch bietet ein Anschriftenverzeicnis aller im weitesten Umfang erdwissenschaftlich arbeitenden Behörden, Institutionen, Organisationen und Persönlichkeiten Deutschlands und – in Auswahl – der übrigen Erde. Das Verzeichnis ist meist ergänzt durch aktuelle methodologische, landeskundliche, statistische u. a. Berichte. Umfang jeweils ca. 500 S.
Seit 1960 erscheint als internationaler Teil „Orbis Geographicus" (siehe 1.3. – Orbis Geographicus)

GEO-Katalog 1973
GEO-Center, Internationales Landkartenhaus GmbH,
München – Stuttgart

Der Katalog erscheint jährlich in korrigierter Neuauflage und ist ein überaus nützliches Nachschlagewerk für Landkarten und Reiseführer aus aller Welt. Mit minimalem Berichtsrückstand behandelt der Katalog auf über 600 Seiten

Reiseführer, Straßen- und Wanderkarten, amtliche in- und ausländische Kartenwerke, Büro- und Schulkarten, Stadtpläne, Atlanten, Globen sowie Sonderveröffentlichungen für Luftfahrt, Wassersport etc., ferner wissenschaftliche Veröffentlichungen zur allgemeinen und regionalen Geographie. Ergänzend zu dem gebundenen Katalog erscheint als Zusatzband GEO-Katalog Teil II in Loseblattform.

Hard, G. u. a.:
Empfehlungen zum Studium der Geographie und ihrer Didaktik
Skriptum zum Studium der Geographie und ihrer Didaktik 2
Pädagogische Hochschule Rheinland, Abt. Bonn, o. J. (etwa 1972). 37 S.

Neben Bemerkungen zu Regelungen des Studiums in Bonn sind vor allem die Ausführungen über die wichtigsten Fragestellungen der Geographie lesenswert, wobei freilich die Ausführungen über den länderkundlichen Ansatz nicht die tatsächliche Diskussion um die Länderkunde wiedergeben, sondern eine sehr einseitige Stellungnahme bieten.

Hard, G. und Nebe, J. M.:
Handreichung zum Studium der Geographie
(Ergänzung zum Studienführer)
Skripten zum Studium der Geographie und ihrer Didaktik 3,
Pädagogische Hochschule Rheinland, Abt. Bonn, WS 1972/73, 117 S.

Lesenswerte Einführung in das Studium für den zukünftigen Geographielehrer. Vor allem werden auch die scheinbar nebensächlichen organisatorischen Schwierigkeiten des Geographiestudiums wie z. B. Literatursuche, Exkursionsprotokolle u. a. ausführlich behandelt. Das Heft enthält ferner eine Zusammenstellung der wichtigsten Nachschlagewerke, Standardwerke und Zeitschriften. Sehr kritisch sollten die Literaturempfehlungen zum Studium der Geographie gelesen werden. Das Übergewicht liegt hier auf wissenschaftstheoretischen und methodologischen Werken.

Hinrichs, E. (Hrsg.):
Illustrierte Welt- und Länderkunde
3 Bände, 800 Abbildungen
Zürich, Frankfurt, Innsbruck 1969, 1800 S., Stauffacher Verlag

Umfangreiches, vielseitiges Werk unter Mitarbeit zahlreicher hervorragender Geographen und Wissenschaftler aus den Nachbardisziplinen. Bd. I „Die Erde als Schöpfung" stellt die natürlichen Umweltbedingungen dar, wobei außer der physischen Geographie auch zahlreiche Nachbarwissenschaften zu Wort kommen. In den Kapiteln über Vegetations- und Tiergeographie wird besonders auf die Einflüsse des Menschen eingegangen. Bd. II „Die Erde als Wohnraum der Menschheit“ ist von Erich Otremba verfaßt, der dem Wechselspiel zwischen menschlicher Leistung und natürlicher Eignung des Raumes nachgeht. Im zweiten Teil dieses Bandes bilden die Intensitätsunterschiede der Entwicklung von der städtisch-industriellen Welt bis zu unterentwickelten Räumen und zur Anökumene das Gliederungsschema. Bd. III „Die Großräume der Erde“ enthält eine Übersicht über die Räume und Länder der Erde, gegliedert nach Kulturräumen.

Meyers Kontinente und Meere. Daten, Bilder, Karten
Mannheim 1968 ff., 8 Bde., Bibliographisches Institut, je Band ca. 360 S.

Bd. I	Afrika
Bd. II	Mittel- und Südamerika
Bd. III	Sowjetunion
Bd. IV	Nordamerika
Bd. V, VI, VII	Europa
Bd. VII	Asien (ohne UdSSR), Australien, Inseln und Meere

Länderkundliche Enzyklopädie mit hervorragenden Zusammenfassungen. Mit Literaturhinweisen zu fast jedem Staatenartikel.

Orbis Geographicus
Adressar Géographique du Monde. World Directory of Geography. Geographisches Weltadreßbuch, Teile I u. II.
Im Auftrag der Internationalen Geographischen Union unter Mitwirkung des Nationalkomitees bearb. v. E. Meynen,
Wiesbaden 1960 ff., Franz Steiner Verlag

Teil I (1972)	Gesellschaften, Institute, amtl. Einrichtungen
Teil II (1974)	enthält persönliche Daten und Anschriften nach Ländern geordnet (798 S.)

(siehe auch: 1.3 – Geographisches Taschenbuch)

Pfeffer, H.; Siefer, G.; Schlote, W.; Heinrich, K.; Fraustädter, J.; Großer, G. (Hrsg.):
Länderlexikon
Hamburg 1955 ff., Verlag Weltarchiv GmbH

Bd. I	1240 Spalten 1955
Bd. II	1314 Spalten 1957
Bd. III	1566 Spalten 1960

Länderkundliches Lexikon mit systematischer Behandlung eines jeden Landes nach den Gesichtspunkten: Staatsordnung, Sozialordnung, kulturelle Einrichtungen, Landesnatur, Wirtschaft. Ferner erfolgen weiterführende Literaturhinweise.

Showers, V.:
The World in Figures
New York, London, Sydney 1973, 585 S., John Wiley & Sons

Weltstatistik mit einer Fülle natur- und kulturgeographischer Daten. Mehr als die Hälfte des Buches behandelt die Städte der Erde (Gründungszeit, Bevölkerungsentwicklung seit 1800, Klimawerte).

Statistical Yearbook
Hrsg.: Statistical Office of the United Nations
Vol. 15 ff., New York 1964 ff.

Statistisches Jahrbuch für die Bundesrepublik Deutschland
Stuttgart/Mainz 1973, herausgegeben vom Statistischen Bundesamt Wiesbaden, Kohlhammer Verlag
Teile BRD und DDR 579 S., Internationale Übersichten 138 S.
Quellennachweis und Register 38 S.

Das jährlich neu erscheinende Buch bietet einen Überblick über die in Zahlen meßbaren Tatbestände und Vorgänge aus dem gesellschaftlichen, sozialen und wirtschaftlichen Leben der BRD und der DDR. Internationale Übersichten vermitteln eine Vorstellung von den Verhältnissen im europäischen und außereuropäischen Ausland.

The Statesman's Yearbook 1973–1974
The ideal source of accessible, up-to-date information on the history and present economic, political and social conditions of every constituted government in the world.
London 1973, 1600 S., Macmillan St. Martin's Press

Ausführlichste, rasch erreichbare Informationsquelle dieser Art, der in der deutschsprachigen Literatur nichts Vergleichbares gegenübersteht. Außer präzisen, erstaunlich ausführlichen Informationen wird durch Angabe der statistischen Quellen neuesten Datums ein schneller Zugang zu ausführlicheren Informationsquellen ermöglicht. Erscheint jährlich.

Weigt, E.:
Die Geographie,
eine Einführung in Wesen, Methoden, Hilfsmittel und Studium
Das Geographische Seminar
Braunschweig 1972, 85 S., G. Westermann Verlag

Eine gute erste Information über die Zweige der geographischen Wissenschaft, ihre Betrachtungsweisen und Forschungsrichtungen. Der Studienanfänger wird besonders für die konkreten Hinweise auf wichtigste Literatur und Hilfsmittel dankbar sein.

1.3.1 Wörterbücher, Lexika

Das Antlitz unserer Erde
Gütersloh 1967, 656 S., C. Bertelsmann Verlag

Das Buch beginnt mit wenig befriedigenden Welt- und Erdteilkarten. Es folgen Karten der Länder und Landschaften der Erde. Den wichtigsten Teil bildet ohne Zweifel ein knapp 300 Seiten umfassendes geographisches Lexikon (S. 227–523) über Kontinente, Länder, Landschaften, Gebirge, Flüsse und Städte mit ausgezeichneten Farbaufnahmen.

Die Entwicklungsgeschichte der Erde
Mit einem ABC der Geologie. 2 Bände
Hanau/M. 1971, 888 S., Verlag Werner Dausien
(siehe 2.5.1.2 – Die Entwicklungsgeschichte . . .)

Fenelon, P.:
Vocabulaire de Géographie Agraire
Gap (Hautes-Alpes), 688 S., Imprimerie Louis-Jean

Fischer, E.; Elliot, F. E.:
A German and English Glossary of Geographical Terms
American Geographical Society, New York 1950, 110 S.

George, P.:
Dictionaire de la Géographie
Paris 1970, 448 S.,
Presses Universitaires de France, Paris

Französischsprachiges Lexikon allgemeingeographischer Begriffe mit vereinzelt im Text eingestreuten Kärtchen und Skizzen.

Gräff, B.; Spegele, H.:
Wörterbuch des Umweltschutzes
Begriffe, Erläuterungen, Abkürzungen
Stuttgart 1972, 144 S., Franckh'sche Verlagshandlung

Handwörterbuch der Raumforschung und Raumordnung
Bd. I A–H, Bd. II I–Ra, Bd. III Re–Z
Hannover 1970 (2. Aufl.), Akademie für Raumforschung und Landesplanung, insgesamt 3974 Spalten, Verlag Gebrüder Jänecke

Unentbehrliches Handbuch zu praktisch allen Fragen der Raumforschung und Raumordnung. Für den Geographen von besonderem Interesse sind die Themenbereiche Raumrelevante Disziplinen und Forschungsberichte, Raum und Natur, Raum – Bevölkerung – Gesellschaft, Raum und Wirtschaft, Raum und Siedlung (inkl. Städtebau).

Handwörterbuch der Sozialwissenschaften
12 Bände + Registerband
Stuttgart (G. Fischer-Verlag), Tübingen (J. C. B. Mohr), Göttingen (Vandenhoeck & Ruprecht). 1956–1968

Herder Lexikon Biologie
Freiburg, Basel, Wien 1972, 237 S., Herder Verlag

Herder Lexikon Geographie
Freiburg, Basel, Wien 1975, 4. Aufl., 240 S., Herder Verlag

Leider liegt das thematische Schwergewicht des Lexikons auf der Physischen Geographie – und für die Physische Geographie ist das Lexikon von E. Neef: Das Gesicht der Erde (mit ABC) bislang unerreicht.
Dennoch wegen seiner anschaulichen Skizzen und der Behandlung der wichtigsten allgemeingeographischen Grundbegriffe für den Anfänger von Wert.

Herder Lexikon Geologie und Mineralogie
Freiburg, Basel, Wien 1972, 236 S., Herder Verlag

Herder Lexikon Umwelt
216 S., Freiburg i. Br. 1973, Herder-Verlag

Hirschberg, W. (Hrsg.):
Wörterbuch der Völkerkunde. (Kröners Taschenausgabe 205)
Stuttgart 1965, 508 S., Kröner Verlag

Lehmann, U.:
Paläontologisches Wörterbuch
Stuttgart 1964, 355 S., Ferdinand Enke Verlag

Meyers Handbuch über die Wirtschaft
herausgegeben von der Lexikonredaktion des Bibliographischen Instituts, 2. Aufl., Mannheim, Wien, Zürich 1970, 1171 S., Bibliographisches Institut

Das rund 10 000 Stichwörter umfassende Fachlexikon ist als Nachschlagewerk volkswirtschaftlicher Grundbegriffe gut geeignet.

Monkhouse, F. J.:
A Dictionary of Geography
London 1970, 386 S., Edward Arnold

Englischsprachiges Lexikon allgemeingeographischer Begriffe mit Schwerpunkten auf den Gebieten: Physische und Quantitative Geographie sowie Stadtgeographie.

Multilingual Dictionary of Technical Terms in Cartography
Wiesbaden 1973, 573 S., Franz Steiner Verlag

Mehrsprachiges Wörterbuch kartographischer Fachbegriffe. Erläuterungen in den fünf Sprachen Deutsch, Englisch, Spanisch, Französisch und Russisch. Die Konkordanz wird angegeben für weitere neun Sprachen: Tschechisch, Italienisch, Japanisch, Ungarisch, Niederländisch, Portugiesisch, Polnisch, Schwedisch und Slowakisch.

Murawski, H.:
Geologisches Wörterbuch
Erklärung der geologischen Fachausdrücke der deutschen Literatur
Stuttgart 1972 (6. Aufl.), 260 S.,
Enke Verlag/Deutscher Taschenbuch Verlag dtv Nr. 3038

Derzeit zuverlässigstes geologisches Nachschlagewerk für Geographen.

Neef, E. (Hrsg.):
Das Gesicht der Erde. Mit einem ABC
3. Aufl. Leipzig 1970, 908 S., VEB F. A. Brockhaus Verlag

Der zweite Halbband dieses Taschenbuches der physischen Geographie enthält ein ausgezeichnetes Lexikon der physischen Geographie. Teil I bietet eine regionale physische Geographie der Erde.

Rosenfeld, U.:
Kleines Fachwörterbuch, Sammlung Geologischer Führer Bd. 46
Berlin-Nikolassee 1966, 197 S., Gebrüder Borntraeger-Verlag

Geologisches Fachwörterbuch für Nichtgeologen. Die Behandlung geomorphologischer Themen läßt Wünsche offen.

Schwenk, H. (Bearb.):
Wörterbuch demographischer Grundbegriffe
Hamburg 1960, 136 S., Deutsche Akademie für Bevölkerungswissenschaft an der Universität
Viersprachig: Deutsch, Französisch, Italienisch, Englisch

Singer, L.:
Russian – English – French – German Hydrological Dictionary
London 1967, 151 S., Scientific Information Consultants Ltd., Finchley Road London

Stamp, D. L. (Hrsg.):
A Glossary of Geographical Terms
London 1966, 540 S., Longmans, Green & Co. Ltd.
Nachschlagewerk über Fachausdrücke aus dem Bereich der allgemeinen Geographie und ihrer Nachbarwissenschaften in englischer Sprache.

Stamp, D. (Hrsg.):
Longmans Dictionary of Geography
London 1968, 492 S., Longmans
Englischsprachiges Lexikon der allgemeinen und regionalen Geographie.

Vocabularium Geographicum
Français, Deutsch, Italiano, Nederlands, English, Español
Hrsg.: Gesellschaft für Veröffentlichungen der europäischen Schulen, Brüssel 1968, 298 S. (Bezugsquelle in Deutschland: Dokumente Verlag, Offenburg)
Sechssprachiges Wörterbuch mit 3100 wichtigen geographischen Begriffen, wie sie in den Erdkundebüchern für Gymnasien verwendet werden. Das Lexikon ist zweigeteilt; im ersten Teil werden die Begriffe systematisch nach Sachgebieten der allgemeinen Geographie geboten, im zweiten Teil folgt ein alphabetischer Index für jede der sechs Sprachen.

Watznauer, A.:
Wörterbuch Geowissenschaften. Englisch – Deutsch
Zürich/Frankfurt/M. 1973, 356 S., Verlag Harri Deutsch
Das Wörterbuch berücksichtigt vor allem den geologischen Fachbereich.

Westermann Lexikon der Geographie
herausgegeben von W. Tietze, beraten von E. Weigt,
4 Textbände und 1 Registerband
Braunschweig 1968–1972, G. Westermann-Verlag

Bd. I A – E, 983 S.
Bd. II E – K, 936 S.
Bd. III L – R, 1103 S.
Bd. IV S – Z, 1096 S
Bd. V Registerband, 231 S.

Mit ca. 16 000 Stichworten behandelt das Lexikon, an dem 150 Fachleute mitarbeiteten, nicht nur die bedeutenden geographischen Regionen und Örtlichkeiten, sondern auch allgemeine Geographie, Länderkunde und methodische Fragen der wissenschaftlichen Geographie und ihrer Didaktik. Zu fast jeden Stichwort wird außerdem die wichtigste Literatur aufgeführt. Das reichhaltig mit Karten, Tabellen und Diagrammen ausgestattete Lexikon erreicht fast den Charakter einer geographischen Enzyklopädie. Carl Troll bezeichnete es als „Versuch einer Bestandsaufnahme des gesamten geographischen Wissens aus der Blickrichtung der deutschen Geographie".

1.4 Hand- und Lehrbücher

(siehe auch die Abschnitte 2.5: Allg. Physische Geographie und 2.6: Allg. Anthropogeographie).

Borchert, G.; Kolb, A.; Scheidl, L.; Wach, H.; Wilhelmy, H.; Zotschew, T.:
Erdkunde in Stichworten
Kiel 1969 (3. Aufl.), 800 S. (Bandausgabe), Hirt-Verlag

Teil I: Allgemeine Geographie – Register (92 S.)
Teil II: Kultur- und Wirtschaftsräume der Erde (120 S.)
Teil III: Deutschland (128 S.)
Teil IV: Europa (176 S.)
Teil V: Asien, Afrika, Australien, Ozeanien (172 S.)
Teil VI: Amerika, Ozeane, Polargebiete (96 S.)

Geographische Weltkunde, zum Nachschlagen und Wiederholen gut geeignet. Teil I bietet allerdings keine Allgemeine Geographie, sondern nur ein dürftiges Lexikon physisch-geographischer Begriffe.

Das Geographische Seminar

Herausgeber: E. Fels, E. Weigt und H. Wilhelmy, Braunschweig. G. Westermann Verlag

Bisher erschienen:

Weigt	Die Geographie
Fochler-Hauke	Verkehrsgeographie
Illies	Tiergeographie
Dietrich	Ozeanographie
Scherhag/ Blüthgen	Klimatologie
Richter	Geologie
Panzer	Geomorphologie
Wilhelm	Hydrologie und Glaziologie
Niemeier	Siedlungsgeographie
Jäger	Historische Geographie
Hofmeister	Stadtgeographie
Jensch	Kartographie
Gildemeister	Landesplanung

Zur Vervollständigung der Reihe sind die Titel Sozialgeographie, Wirtschaftsgeographie und Agrargeographie in Vorbereitung. Die Bändchen dieser Reihe (jeweils zwischen 100 und 200 Seiten) finden als kurzgefaßte Lehrbücher der allgemeinen Geographie und ihrer Nachbarwissenschaften vor allem wegen ihres relativ geringen Preises weiteste Verbreitung bei den Studierenden der Geographie. Dies wiederum begünstigt rasche Neuauflagen und Berücksichtigung des jeweils neuesten Wissensstandes. Sie eignen sich jedoch nicht sämtlich zur Einführung in die jeweilige Disziplin und sind vor allem methodisch von unterschiedlicher Qualität. Einzelbesprechungen siehe in den entsprechenden Abschnitten.

Das Geographische Seminar. Praktische Arbeitsweisen

Herausgeber: E. Fels, E. Weigt und H. Wilhelmy, Braunschweig, G. Westermann Verlag

Bisher erschienen:

Schmidt	Geologie
Köster/Leser	Geomorphologie I
Leser	Geomorphologie II
Scultetus	Klimatologie
Fliri	Statistik und Diagramm
Hofmann	Gländeaufnahme – Geländedarstellung
Reichelt/Wilmanns	Vegetationsgeographie
Fezer	Karteninterpretation

in Vorbereitung:

Arnberger	Thematische Kartographie

Es handelt sich um sog. Methodenbücher, in denen Forschungstechniken erläutert werden. Die Bände sind von unterschiedlichem Wert. Einzelbesprechung in den betreffenden Abschnitten.

Fischer Länderkunde. Fischer Handbücher.

Frankfurt/M. 1970 ff., Fischer Taschenbuch Verlag

Bd. 1 Ostasien (in Vorbereitung)
Bd. 2 Südasien (in Vorbereitung)
Bd. 3 Südostasien-Austral-pazifischer Raum, 1975 (H. Uhlig, Hrsg.)
Bd. 4 Nordafrika und Vorderasien, 1973 (H. Mensching und E. Wirth)
Bd. 5 Afrika – südlich der Sahara, 1970 (W. Manshard)
Bd. 6 Nordamerika, 1970 (B. Hofmeister)
Bd. 7 Lateinamerika, 1973 (G. Sandner und H. A. Steger, Hrsg.)
Bd. 8 Europa (Europa und Sowjetunion 1 [in Vorbereitung])
Bd. 9 Sowjetunion (Europa und Sowjetunion 2 [in Vorbereitung])

Insgesamt vermitteln die neun preiswerten Bändchen ein umfassendes Bild der Erde, wobei der Schwerpunkt der Betrachtungen auf den kulturellen, wirtschaftlichen, sozialen und politischen Formen liegt. Statt der herkömmlichen Gliederung nach Ländern wurde eine Einteilung nach Kulturkontinenten vorgenommen. Besondere Beachtung verdient die ausführliche Bibliographie am Ende jeden Bandes.

Harms Handbuch der Erdkunde in 10 Bänden

Herausgegeben von J. Wagner, E. List und W. Eggers
München, Paul List Verlag
(die Bände werden im Abstand von wenigen Jahren neu aufgelegt, Bd. 1 Deutschland, 1965 bereits 25. Auflage)

Bd. 1 Deutschland von E. Schmitt, 526 S.
Bd. 2 Europa von H. Lehmann, 470 S.
Bd. 3 Sowjetunion von R. E. H. Mellor, 435 S.
Bd. 4 Asien von K. Brüning, 370 S.
Bd. 5 Afrika von H. Schiffers, 520 S.
Bd. 6 Amerika von I. Pohl u. J. Zepp, 503 S.
Bd. 7 Australien, Ozeanien, Polargebiete, Weltmeere von K. Frenzel, A. Kühn, E. Schmitt und J. Schmithüsen, 512 S.
Bd. 8 Physische Geographie von J. Wagner, 380 S.
Bd. 9 Kulturgeographie von J. Wagner, 383 S.
Bd. 10 Die Welt in allen Zonen von W. Lantzsch und E. List, 502 S.

Bde. 1–9 stellen ein Lehrerhandbuch in entwickelnder, anschaulicher Darstellung dar. Völlig von der Konzeption der ersten neun Bände abweichend ist Band 10 ein erdkundliches Lesebuch nach Quellen. Die Quellentexte sind regional und nach der Schulstufe, in der sie eingesetzt werden können, untergliedert.

Klute, F. (Hrsg.):
Handbuch der geographischen Wissenschaft
Potsdam 1930–1950, 12 Bände Athenaion

Bde. 1 und 2	Allgemeine Geographie
Bde. 3 – 12	Regionale Geographie

Lehrbuch der Allgemeinen Geographie
herausgegeben von Erich Obst und Josef Schmithüsen
Berlin, Walter de Gruyter Verlag

Umfangreichste Gesamtdarstellung des allgemeingeographischen Wissens in deutscher Sprache. Der Titel „Lehrbuch" trifft streng genommen für kaum einen der mehr handbuchartigen Bände zu. Besprechung der Einzelbände in den betreffenden Abschnitten.

Bisher erschienen:

Bd. I	H. Louis: Allgemeine Geomorphologie
Bd. II	J. Blüthgen: Allgemeine Klimageographie
Bd. III,3	F. Wilhelm: Schnee- und Gletscherkunde
Bd. IV	J. Schmithüsen: Allgemeine Vegetationsgeographie
Bd. VI	G. Schwarz: Allgemeine Siedlungsgeographie
Bd. VII	E. Obst: Allgemeine Wirtschafts- und Verkehrsgeographie
Bd. VIII	M. Schwind: Allgemeine Staatengeographie
Bd. X	E. Imhof: Thematische Kartographie
Bd. XI	S. Schneider: Luftbild und Luftbildinterpretation

In Vorbereitung:
H. G. Gierloff-Emden: Geographie der ozeanischen Gewässer
F. Wilhelm: Gewässer des Festlandes
H. Bobek: Allgemeine Sozial- und Bevölkerungsgeographie
J. Schmithüsen: Allgemeine Landschaftskunde
A. Heupel: Die Topographische Karte

Lütgens, R. (Hrsg.):
Erde und Weltwirtschaft
Ein Handbuch der Allgemeinen Wirtschaftsgeographie
Stuttgart, Franckh'sche Verlagshandlung 1950 ff.

Bd. I: Otremba, E.:	Der Wirtschaftsraum, seine geographische Grundlagen und Probleme, 1969 (2. Aufl.)
Bd. II: Lütgens, R.:	Die Produktionsräume der Erde, 1958
Bd. III: Otremba, E.:	Allgemeine Agrar- und Industriegeographie, 1960
Bd. IV: Otremba, E.:	Allgemeine Geographie des Welthandels und Weltverkehrs, 1957
Bd. V: Fels, E.:	Der wirtschaftende Mensch als Gestalter der Erde, 1967

1.5 Zeitschriften

AJL Die aktuelle JRO-Landkarte

– eine Landkartenzeitschrift modernen Stils
München, JRO-Verlag
erscheint monatlich außer im Juli und August

Die monatlich erscheinende Karte behandelt stets aktuelle Themen des Weltgeschehens, Politik, Wirtschaft, Technik, Kultur. Ihr beigegeben ist ein kurzer Kommentar mit Statistiken und Diagrammen.

Annales de Géographie

Bulletin de la Société de Géographie. Revue publié avec le concours du Centre National de la Recherche Scientifique.
Paris 1891 ff., Verlag Colin
zweimonatlich

Annals of the Association of American Geographers

Washington, D. C. 1911 ff.
Assoc. of American Geographers
vierteljährlich

Berichte zur deutschen Landeskunde

Hrsg.: Institut für Landeskunde in der Bundesforschungsanstalt für Landeskunde und Raumordnung Bonn-Bad Godesberg.
Bonn-Bad Godesberg 1941 ff.
halbjährlich; ca. 300–600 Seiten pro Jahr

Zentrales Dokumentationsorgan des Schrifttums und der Kartenneuerscheinungen zur Landeskunde von Deutschland, Österreich und der Schweiz. Ferner enthalten die Hefte landeskundliche und methodische Aufsätze sowie Buchbesprechungen. Unregelmäßig erscheinende Sonderhefte bieten Bibliographien zu spezielleren Themenbereichen. Als Sonderheft 14 erschien 1972 „Bibliographie der Landesbeschreibungen und Regionalatlanten Deutschlands".

Forschungen zur deutschen Landeskunde

Ebenfalls im Institut für Landeskunde erscheinen unregelmäßig die landeskundlichen Monographien „Forschungen zur deutschen Landeskunde", Veröffentlichungen des Zentralausschusses für deutsche Landeskunde und des Instituts für Landeskunde. Diese Reihe ist inzwischen auf über 200 Bände angewachsen.

Die Erde

Zeitschrift der Gesellschaft für Erdkunde zu Berlin
Berlin 1853 ff. (vierteljährlich) de Gruyter Verlag
Ca. 80 S. pro Heft

Rezensionen

Erdkunde

Archiv für wissenschaftliche Geographie
Bonn 1947 ff., Verlag Ferdinand Dümmlers
erscheint vierteljährlich, Rezensionen

Freiburger geographische Mitteilungen

herausgegeben von J. C. Tesdorpf
Freiburg i. Br., 1969 ff.

Die aus den Mitteilungen der geographischen Fachschaft Freiburg hervorgegangene Zeitschrift erscheint halbjährlich. Die Beiträge sind allgemeingeographischer und landeskundlicher Art (mit regionalem Schwerpunkt auf Süddeutschland und den angrenzenden Nachbarländern). Besondere Erwähnung verdienen die regelmäßig erscheinenden Exkursionsführer.
Als eine der wenigen geographischen Zeitschriften, die sowohl an Schulen als auch an Hochschulen Verbreitung findet, enthalten die Freiburger geograph. Mitteilungen regelmäßig fachdidaktische Beiträge zu Fragen des Schulunterrichts und des Hochschulstudiums.

Geoforum

Journal of Physical, Human, and Regional Geosciences
Braunschweig 1970 ff., Pergamon-Vieweg-Verlag

Deutsch-, englisch- und französischsprachige Fachzeitschrift, erscheint vierteljährlich. Heft 1 bringt als Leitidee der Zeitschrift: 1. Das Erkennen der Möglichkeiten, die die Erde der Menschheit bietet, 2. Das Erkennen der Fähigkeiten des wirtschaftenden Menschen und 3. Die optimale Nutzung der vielfältigen Wechselbeziehungen zwischen Erde und Mensch. Jedes Heft wird von einem anderen Herausgeber gestaltet. Buchbesprechungen.

Geografiska Annaler

Series A: Physical Geography, Series B: Human Geography
Stockholm 1965 ff.
(ursprünglich gemeinsam seit 1919 als Geografiska Annaler),
Generalstabens Lithografiska Anst.
vierteljährlich

Geographica helvetica
Schweizerische Zeitschrift für Länder- und Völkerkunde
Geographisch-Ethnographische Gesellschaft Zürich
Bern 1946 ff, Kümmerly & Frey
vierteljährlich

Geographische Berichte
Mitteilungen der Geographischen Gesellschaft der Deutschen Demokratischen Republik
Gotha 1956 ff., VEB Hermann Haack
vierteljährlich, Rezensionen

Geographische Rundschau
Zeitschrift für Schulgeographie
Braunschweig 1949 ff., G. Westermann Verlag
erscheint monatlich

Die Zeitschrift informiert vor allem über die laufende fachdidaktische Diskussion. Daneben werden alle Gebiete der Geographie behandelt. Die Buchbesprechungen sind vor allem bzgl. der neueren fachdidaktischen Literatur eine unentbehrliche Informationsquelle.
Seit 1969 erscheint die Beilage „Lehrmittel aktuell"
Die seit 1972 erscheinenden Beihefte der Geographischen Rundschau informieren über unterrichtsempirische Forschungen und enthalten konkrete Vorschläge zur Gestaltung des Erdkundeunterrichts.

Geographische Zeitschrift
Wiesbaden, Bd. 1–50 (1895–1944), Bd. 51, 1963 ff.,
Steiner Verlag
erscheint vierteljährlich, Rezensionen

Als Beiheft zur Geographischen Zeitschrift erscheint die Reihe „Erdkundliches Wissen".

Mitteilungen der Österreichischen Gesellschaft für Geographie
Österreichische Geographische Gesellschaft
Wien 1857 ff., Hirt
viermonatlich

Petermanns Geographische Mitteilungen
Hrsg.: Geographische Gesellschaft der Deutschen Demokratischen Republik
Gotha 1855 ff., VEB Hermann Haack
erscheint vierteljährlich, Rezensionen
Seit Erscheinungsbeginn der Zeitschrift werden auch Ergänzungshefte herausgegeben.

Raumforschung und Raumordnung
Institut für Raumordnung in der Bundesforschungsanstalt für Landeskunde und Raumordnung, Bonn-Bad Godesberg, Verlag C. Heymanns, Köln 1935 ff.
zweimonatlich, die Zeitschrift erscheint 1975 im 33. Jahrgang

Regio basiliensis
Basler Zeitschrift für Geographie.
Revue de Géographie de Bâle.
Geographische-Ethnologische Gesellschaft Basel.
Basel 1959 ff., Helbing und Lichtenhahn
halbjährlich

TESG, Tijdschrift voor Economische en Sociale Geografie
Leiden/Niederlande 1910 ff, Verlag E. J. Brill
herausgegeben von der Koninklijk Nederlands Aardrijkskundig Gennootschap
zweimonatlich

The Geographical Journal
Royal Geographical Society
London 1893 ff., Murray Verlag
vierteljährlich

The Geographical Review
Published by the American Geographical Society of New York
New York 1916 ff., Amer. Geogr. Soc.
vierteljährlich

Zeitschrift für Wirtschaftsgeographie
Angewandte und Sozialgegraphie
Hagen/Westf. 1957 ff.
sechswöchentlich

2. ALLGEMEINE GEOGRAPHIE

2.1 Wissenschaftstheorie (Methodologie) der Geographie, Gegenstand und Methode der Geographie

Abler, R.; Adams, J. S. and P. Gould:
Spatial Organization. The Geographers View of the World
Englewood Cliffs, N. J. 1971, 587 S., Prentice Hall

Arbeitsmethoden in der physischen Geographie
(Autorenkollektiv E. Heyer u. a.),
Berlin (Ost) 1968, 284 S., Beiheft hierzu 64 S.,
Volk und Wissen, Volkseigener Verlag
(siehe 2.5 – Arbeitsmethoden i. d. phys. Geographie)

Bader, F. und Walter, J.:
Einführung in die Geländebeobachtung
Darmstadt 1975, 106 S., Wiss. Buchgesellschaft
Praktische Anweisungen und Hilfen f. d. Studierenden

Bartels, D.:
Die Zukunft der Geographie als Problem ihrer Standortsbestimmung
in: Geographische Zeitschrift Jg. 56,
Wiesbaden 1968, S. 124–142

Bartels, D.:
Theoretische Geographie
in: Geographische Zeitschrift Jg. 57, 1969 S. 132–143, Wiesbaden

Bartels, D. (Hrsg.):
Wirtschafts- und Sozialgeographie
Neue wissenschaftliche Bibliothek Bd. 35
Köln, Berlin 1970. 485 S., Kiepenheuer & Witsch
(siehe 2.6.7 – Bartels, D.)

Bartels, D.:
Zur wissenschaftstheoretischen Grundlegung einer Geographie des Menschen.
Wiesbaden 1968. Erdkundliches Wissen H. 19, 222 S.,
F. Steiner Verlag

Verf. ordnet bei seinem Versuch, den Standort der Anthropogeographie wissenschaftstheoretisch haltbar zu bestimmen, die Geographie in die Reihe der modernen empirischen Wissenschaften ein. U. a. erfolgt eine Auseinandersetzung mit dem bis heute in der Geographie zentralen Begriff der Landschaft, der als zu unscharf befunden wird, um als Definition des Forschungsgegenstandes der Geographie dienen zu können.
Die Arbeit zählt zu den am meisten diskutierten methodologischen Schriften der letzten Jahre; umso bedauerlicher ist, daß sie wegen ihres – oft unnötig – hohen Abstraktionsgrades einem Anfänger nur schwer zugänglich ist.

Beaujeau-Garnier, J.:
La Géographie, méthodes et perspectives
in: Collection de Géographie appliqueé, Vol. 1, 143 S.
Paris 1971, Verlag Masson

Benicke, W. (Hrsg.):
Geographie. Fischer Kolleg 9, Das Abitur-Wissen
Frankfurt/M. 1973, 283 S., Fischer Taschenbuch Verlag
(siehe 1.3 – Benicke)

Birkenhauer, J.:
Der Begriff der Inwertsetzung und die Frage einer Regionalen Geographie
in: Freiburger Geographische Mitteilungen,
Jg. 1973, 1, S. 1–22

Ausgehend von der Frage, „wie sich regionale Darstellungen ableiten lassen, die nicht dem subjektiven Ermessensspielraum des einzelnen Geographen und seiner Interessenlage unterliegen, sondern von allseits überprüfbaren

Kriterien aus vorgehen", stellt der Autor ein System von Axiomen über das Objekt geographischen Forschens und Lehrens auf, aus dem er Entscheidungskriterien zur zitierten Fragestellung ableitet.
Unter den von der Geographie zu erforschenden Raumstrukturen weist der Verfasser die höchste Wichtigkeit denjenigen zu, die aufgrund der Inwertsetzung des natürlichen Potentials durch menschliche Tätigkeit entstehen. Besonderes Kennzeichen der Inwertsetzung und der durch sie hervorgebrachten Raumstrukturen ist deren Meßbarkeit. Basierend auf diesen, später am Beispiel der Eifel nachgewiesenen Voraussetzungen stellt der Autor die These auf: „Länderkunde ist geographisch-wissenschaftliche Erforschung vom komplexen Interaktionsmustern, die aufgrund von Inwertsetzung primär entstanden sind". Alles, was in diesem Zusammenhang irrelevant ist, kann somit exakt aus der Länderkunde herausgehalten werden.
Ohne Zweifel wären die Inhalte solcher, durch den „Filter der Inwertsetzung" gegangenen Länderkunden nach objektiv einsehbaren Kriterien bestimmt worden, und der Vorwurf der Subjektivität und Pseudowissenschaftlichkeit könnte eine derartige Regionale Geographie nicht mehr treffen.
Allerdings sollte man die so bestimmten Inhalte wohl eher als den erforderlichen Minimal-Themenkatalog einer wissenschaftlichen Länderkunde fordern. Auch nach Meinung des Verfassers muß den Autoren von Länderkunden die Möglichkeit bleiben, wichtige Forschungsergebnisse aus der behandelten Region mitzuteilen, deren Relevanz im Hinblick auf die Interaktion von menschlicher Tätigkeit und natürlichem Potential nicht – oder vorsichtiger gesagt: noch nicht – bedeutend ist. Freilich sollten derartige Exkurse innerhalb einer Länderkunde auch als solche gekennzeichnet sein und nicht den Hauptteil ausmachen.

Board, Ch.; Chorley, R. J.; Haggett, P. und Stoddart, D. R. (Hrsg.):
Progress in Geography, International Review of Current Research
Bd. I, London 1969, 222 S., Verlag Ewald Arnold
(siehe 1.3 – Board, Ch.)

Broek, J. O. M.:
Geography, its Scope and Spirit
Social Science Seminar Series
Columbus, Ohio 1965, 116 S., C. H. Merill Books Inc.

Burgard, G.; Gross, U.; Monheim, H.; Schultes, W.:
Bestandsaufnahme zur Situation der deutschen Schul- und Hochschulgeographie
in: Meckelein,W. und Borcherdt, Chr. (Hrsg.): Deutscher Geographentag 1969 Kiel, Tagungsbericht und wissenschaftliche Abhandlungen. Wiesbaden 1970, S. 191–207. Franz Steiner Verlag

Eine sehr polemische, aber beachtenswerte Stellungnahme der studentischen Fachschaften, auf die in der methodologischen und fachdidaktischen Literatur immer wieder Bezug genommen wurde und wird. Der Aufsatz ist ohne die Diskussion in Kiel, aber ergänzt durch die Ergebnisse einer Befragung zum „Image der Geographie" in der von Studenten herausgegbenen Zeitschrift „Geografiker" Heft 3 erschienen.

Chorley, R. J.: Kennedy, B. A.:
Physical Geography – A Systems Approach
London 1971, 370 S., Prentice Hall

(siehe 2.5 – Chorley, R. J.)

Das Geographische Seminar. Praktische Arbeitsweisen
Herausgeber: E. Fels, E. Weigt und H. Wilhelmy
Braunschweig, G. Westermann Verlag

(Zusammenstellung dieser Reihe siehe 1.4 – Das Geographische Seminar, Praktische Arbeitsweisen)

Dickinson, R. E.:
Regional Ecology. The Study of Man's Environment
New York 1970, 199 S., John Wiley & Sons

Als einer der wenigen Autoren des angelsächsischen Sprachraums berücksichtigt Verf. auch deutschsprachige Literatur und stellt diese in den internationalen Zusammenhang. Seine Ausführungen über Bedeutung und Aufgaben regionaler geographischer Forschung, der er im übrigen eine hohe Bedeutung bei der Erhellung kausaler Zusammenhänge zumißt, sind angesichts der profunden internationalen Literaturkenntnis des Verf. äußerst lesenswert.

Dörrenhaus, F.:
Geographie ohne Landschaft?
Zu einem Aufsatz von Gerhard Hard
in: Geographische Zeitschrift Jg. 59,
Wiesbaden 1971, S. 101–116

Vergl. auch die weitere Diskussion zwischen G. Hard und F. Dörrenhaus in Bd. 59 der Geograph. Zeitschrift: Dörrenhaus, F.: Die Antwort (S. 289–300) und Hard, G.: Ärger mit Kurven (S. 277–289)

Dollfus, O.:
L'analyse géographique. – (Presses universitaires des France)
Paris 1971, = Collection Que sais-je? , No. 1456, 128 S.

Wer eine Methodologie des Faches erwartet, wird etwas enttäuscht sein. Dagegen findet man eine Klärung wichtiger geographischer Formalbegriffe mit guten Anschauungsbeispielen.

Eyre, S. R.; Jones, G. R. J.:
Geography as Human Ecology. Methodology by Example
London 1966, Edward Arnold Publ.

Fochler-Hauke, G. (Hrsg.):
Allgemeine Geographie, Neuausgabe
Das Fischer Lexikon, FL 14
Frankfurt/M 1968, 397 S., Fischer Bücherei

(siehe 1.3 – Fochler-Hauke)

Gormsen, E.:
Die Geowissenschaften und die Stellung der Geographie im Programm der UNESCO
in: Geographische Zeitschrift, 58. Jg.
Wiesbaden 1970, S. 12–27

Haase, G.:
Zur Methodik großmaßstäbiger landschaftsökologischer und naturräumlicher Erkundung
in: Wissenschaftliche Abhandlungen der Geographischen Gesellschaft der DDR, Bd. 5, S. 35–128, Leipzig 1967

Haggett, P.:
Geography: A Modern Synthesis
Harper & Row Series in Geography
New York, Evanston, San Francisco, London 1972, 483 S.,
Harper & Row Publishers

Der als Vertreter der Quantitativen Geographie international bekannte Verfasser legt ein zukunftsweisendes Konzept der Geographie vor. Die mehr oder weniger scharfen Grenzen zwischen den tradierten geographischen Teildisziplinen werden dabei zugunsten von übergeordneten Leitthemen aufgegeben.

Hard, G.:
Die Diffusion der Idee der Landschaft
in: Erdkunde XXII, H. 4, Bonn 1969, S. 249–264

Vergl. auch Dörrenhaus, F.: Geographie ohne Landschaft? Zu einem Aufsatz von G. Hard. Geograph. Zeitschrift 59, Wiesbaden 1971, S. 101–116

Hard, G.:
Die Geographie. Eine wissenschaftstheoretische Einführung
Sammlung Göschen. 9001. Berlin 1973, de Gruyter Verlag, 318 S.

Das äußerst anregende Buch (nicht zuletzt durch seinen flüssigen, z. T. häufiger absichtlich polemischen Stil) soll einen „intelligent student's guide" für die wichtigsten grundlegenden Problemkreise der augenblicklichen wissenschaftsmethodologischen Diskussion in Deutschland sein. Demjenigen, der sich vertieft mit solchen Fragen auf philosophisch-wissenschaftstheoretischer Ebene (einschließlich Sprachtheorie, Soziologie, Lingustik, Sozialpsychologie, Ideologiekritik nicht zuletzt auch dem Neopositivismus und der „Kritischen Philosophie", den neo-marxistischen Ansätzen und dgl.) beschäftigt hat, wird das Buch eine sehr willkommene Weiterführung des methodologischen Ansatzes bei D. Bartels sein. Die Hauptstoßrichtungen des Verfassers gehen gegen die Länder- und Landschaftskunde, die steril gewordenen Ansätze der „physischen Geographien" und dgl. Wie immer man auch dazu stehen mag, man sollte diese Diskussion äußerst ernst nehmen und mögliche Bedenken hintanstellen, um sich in den jeweils eigenen Ansätzen befruchten zu lassen. – Auf einen hübschen Druckfehler sei abschließend aufmerksam gemacht: auf S. 186 wird von einer „**Mone-Carlo-Stimulation**" gesprochen (richtig muß es heißen: Monte-Carlo-Simulation).

Hard, G.:
Die „Landschaft" der Sprache und die „Landschaft" der Geographen.
Colloquium Geographicum, Bd. 11, Bonn 1971, 278 S.
F. Dümmlers Verlag

Hard, G.:
Zur Methodologie und Zukunft der Physischen Geographien an Hochschule und Schule. Möglichkeiten physisch-geographischer Forschungsperspektiven.
in: Geographische Zeitschrift 61. Jg. 1973, H. 1 S. 5–35

Harvey, D.:
Explanation in Geography
London 1969, 524 S., Edward Arnold
Umfassende Forschungsmethodologie aus geographischer Sicht.

Hofmann, M.:
Ökologische und synergetische Landschaftsforschung
Ein Beitrag zur Begriffsklärung
in: Geographische Zeitschrift, Jg. 58, 1970, S. 1–12

Jäger, H.:
Zur Methodik der genetischen Kulturlandschaftsforschung
in: Berichte zur deutschen Landeskunde 30, 1963, S. 158–196

Keller, R.:
The Role of Geography within the International Hydrological Decade
in: Freiburger Geographische Hefte, H. 6,
Freiburg 1968, 240 S.
(siehe 2.5.5 – Keller, R.: Flußregime . . .)

Kraus, Th.:
Individuelle Länderkunde und räumliche Ordnung
Wiesbaden 1960. Erdkundliches Wissen H. 7, 108 S.
Franz Steiner Verlag

Louis, H.:
Antwort an Oberschulrat Dr. Heinrich Newe
in: Geographische Rundschau, 1962, 14. Jg., S. 109 ff.
Die stark polemisch gefärbte „Antwort" enthält u. a. einen wesentlichen Gedanken zum Verhältnis von Geographie und Soziologie, der angesichts der Entfaltung der Sozialgeographie im Jahrzehnt seit dieser „Antwort" nichts

an Gültigkeit eingebüßt hat: „Die Geographie muß sich mit der Gesellschaft beschäftigen, soweit diese als gestaltender Faktor oder als kennzeichnende Erscheinung der Länder für das Verständnis der Länder von Belang ist. Wo jedoch solche Beschäftigung überwiegend auf die Erforschung der Gesellschaft hinzielt, da ist man im Bereich der Soziologie."

Lowenthal, D. (Hrsg.):

Environmental Perception and Behavior

Chicago, Ill., 1967. Univ. of Chicago, Dept. of Geography, Research Paper No. 109, 88 S.

Sammlung von Aufsätzen zur Frage, wie physische Umwelt in geistig-seelisches Milieu transformiert wird.

Manshard, W.:

Die Stellung der Geographie in der internationalen Wissenschaftsorganisation der UNESCO

in: Geographische Rundschau 1971, Braunschweig, S. 373 ff.

Der Verfasser appelliert an die Geographen, sich der „Mitte" des Faches zu besinnen und diese nicht leichtsinnig aufzugeben; denn international kann beobachtet werden, daß diese „Mitte" als bedeutsam angesehen wird und daß eben wegen dieser Bedeutsamkeit andere Wissenschaften aus Notwendigkeit heraus diese „Mitte" besetzen (z. B. Ekistics, Integrated [!] Studies), wenn die Geographen sich dieser „Mitte" nicht annehmen. Diese „Mitte" sieht der Verfasser in der „regionalen Geographie". Deren Aufgabe sei es, die aufgrund des Mensch-Umwelt-Verhältnisses entstehenden „Raumstrukturen in ihren verschiedenen Größenordnungen – vom Ökotop bis zum Kulturerdteil" – zu analysieren. Ließen sich die Geographen aber auf für sie periphere Lehr- und Forschungsgebiete abdrängen, bestünde die Gefahr, mit den Nachbarwissenschaften, deren eigentliche Domäne diese Gebiete seien, kaum konkurrieren zu können.

Neef, E.:

Der Physiotop als Zentralbegriff der Komplexen Physischen Geographie

in: Petermanns Geographische Mitteilungen,
Gotha, 112. Jg. 1968, S. 15–23

Neef, E.:

Der Stoffwechsel zwischen Gesellschaft und Natur als geographisches Problem

in: Geographische Rundschau, 21. Jg.
Braunschweig 1969, H. 12, S. 453–459

(siehe 2.5.2 – Neef, E.)

Neef, E.:
Die theoretischen Grundlagen der Landschaftslehre
Gotha 1967, 152 S., VEB Hermann Haack

Methodologie einer mehr naturwissenschaftlich-ökologisch orientierten Landschaftskunde, die darüber hinaus den Versuch einer allgemeinen Theorie der geographischen Wissenschaft hinsichtlich des Forschungsgegenstandes der Geographie und bezüglich der spezifisch geographischen Forschungsmethoden macht.

Neef, E.:
Zu einigen Fragen der vergleichenden Landschaftsökologie
in: Geographische Zeitschrift 58. Jg., Wiesbaden 1970, S. 161–175

Der Aufsatz entwickelt Lösungsmöglichkeiten der methodologischen Problematik durch allgemein theoretische, raumbezogene und quantitative Betrachtungsweisen.

Paffen, K. (Hrsg.):
Das Wesen der Landschaft
Darmstadt 1973, 514 S.,
Wissenschaftliche Buchgesellschaft, Wege der Forschung, XXXIX

Sammelband mit einer Einleitung des Herausgebers. Als Materialgrundlage für forschungslogisch-historische Interessen brauchbar, weniger dagegen als Einführung in Objekttheorie und Forschungspraxis. G. Hard, der in den letzten Jahren am meisten zum Thema Landschaft publiziert hat, ist in der Sammlung nicht vertreten. Stattdessen versucht der Herausgeber, Hard in seiner Einleitung zu widerlegen.

Paffen, K. H.:
Stellung und Bedeutung der physischen Anthropogeographie
Darmstadt 1969, 54 S., Wissenschaftliche Buchgesellschaft

(siehe 2.6.2 – Paffen, K. H.)

Schmithüsen, J.:
Was ist eine Landschaft?
Wiesbaden 1964. Erdkundliches Wissen H. 9. 24 S.,
Franz Steiner Verlag

Schwind, M.:
Kulturlandschaft als geformter Geist
Drei Aufsätze über die Aufgaben der Kulturgeographie
Reprogr. Nachdruck 1964 Darmstadt, 72 S.
Wissenschaftliche Buchgesellschaft

Inhalt: Kulturlandschaft als objektivierter Geist (1951)
Das Verhältnis des Menschen zu seiner Umwelt als geographisches Problem (1952)
Die geographischen „Grundlagen" der Geschichte bei Herder, Hegel und Toynbee (1960).

Spethmann, H.:
Dynamische Länderkunde
Unveränderter reprographischer Nachdruck der 1. Auflage, Breslau 1928.
Kiel 1972, 244 S., Ferdinand Hirt Verlag

Spethmanns Werk war von großem Einfluß auf die Enwicklung der Länderkunde. Daneben haben Spethmanns Vorstellungen maßgebliche Impulse auf die methodische Gestaltung des geographischen Schulunterrichts (dynamisches Prinzip) ausgeübt.

Storkebaum, W. (Hrsg.):
Zur Methode und zum Gegenstand der Geographie
(Wege der Forschung Bd. LVIII)
Darmstadt 1967, 632 S., Wissenschaftliche Buchgesellschaft

Aufsatzsammlung, in der überwiegend die traditionelle Methodologie zum Ausdruck kommt

System and Theory of Geosciences
Geoforum, Journal of Physical, Human and Regional Geosciences, Heft 1, 1970, herausgegeben von H. Uhlig
Braunschweig, Pergamon-Vieweg-Verlag

Das programmatisch angelegte erste Heft der neuen Zeitschrift bringt eine allgemeine Gliederung der Erdwissenschaften mit methodologischen Beiträgen von E. Winkler und H. Uhlig

Taylor, G. (Hrsg.):
Geography in the Twentieth Century
A Study of Growth, Fields, Techniques, Aims and Trends
London 1957, 674 S., Methuen-Verlag

Thomale, E.:
Sozialgeographie
Eine disziplingeschichtliche Untersuchung zur Entwicklung der Anthropogeographie. Mit einer Bibliographie.
Marburger Geographische Schriften, H. 53, Marburg 1972, 264 S. Text, 95 S. Bibliographie
Selbstverlag d. Geogr. Inst. d. Univ. Marburg

Die in – mitunter unnötig – hohem sprachlichen Niveau abgefaßte wissenschaftstheoretische und wissenschaftshistorische Abhandlung verarbeitet eine Fülle internationaler Literatur zwischen Soziologie und Geographie. Als Anregung für weiteres Quellenstudium ist sie von kaum zu überschätzendem Wert. Ob allerdings „die Sozialgeographie ihr interdisziplinäres Reifestadium erreicht" und zur „disziplinären Verselbständigung" gelangt ist, möge der Leser selbst beurteilen.

Troll, C.:
Luftbildforschung und landeskundliche Forschung
Erdkundliches Wissen, Heft 12
Wiesbaden 1966, 164 S., Franz Steiner Verlag

(siehe 2.4 – Troll, C.)

Weichhart, P.:
Geographie im Umbruch
Ein methodologischer Beitrag zur Neukonzeption der komplexen Geographie
Wien 1975, 150 S., Franz Deuticke Verlag

Aus einer Dissertation hervorgegangene Arbeit, die 1973 abgeschlossen wurde. Trotz sehr kritischer Auseinandersetzung mit den bisherigen Basiskonzeptionen der Geographie – u. a. weist Verf. die Zweiteilung der Geographie in einen nomothetischen und einen idiographischen Teil aus wissenschaftstheoretischen Gründen zurück und äußert schwerste Bedenken gegenüber dem bisherigen Landschaftskonzept – widerspricht Verf. einer der wesentlichsten Aussagen der modernen Methodologiekritik, die am prägnantesten von D. Bartels formuliert wurde. Bartels hält die naturwissenschaftliche und sozialwissenschaftliche Grundperspektive des Faches für unvereinbar und fordert die konsequente Teilung in zwei eigenständige Disziplinen. Verf. kommt demgegenüber zu dem Ergebnis, „daß es zur Zeit keine Notwendigkeit gibt, die Einheit der Geographie aus wissenschaftstheoretischen Gründen abzulehnen". (132)
Anschließend stellt Verf. ein modifiziertes methodologisches System der Geographie zur Diskussion, das er nicht aus der Struktur des geographischen Realobjektes (Geosphäre), sondern aus derjenigen ihres Erkenntnisobjektes

(ihrer spezifischen Fragestellung) ableitet. Zum modifizierten System der Geographie gehört die „generelle und spezielle Ökogeographie", die sich mit den Teilaspekten der Geofaktoren beschäftigt, die für die Systemzusammenhänge zwischen der menschlichen Gesellschaft und ihrer physischen Umwelt von Bedeutung sind.

Weigt, E.:
Die Geographie
Eine Einführung in Wesen, Methoden, Hilfsmittel und Studium
Das Geographische Seminar
Braunschweig 1972, 85 S., G. Westermann Verlag
(siehe 1.3 – Weigt, E.)

Winkler, E.:
Über die natürliche Ordnung der Erdwissenschaften
in: Geographica Helvetica, 25. Jg., 1970, S. 1–10
In seinem Aufsatz versucht Verf. eine Eingliederung der Geographie in das System der Erd- und Geowissenschaften. Das Wesen der Geographie besteht seines Erachtens in der „Verknüpfung von Natur- und Kulturphänomenen".

Wirth, E.:
Zum Problem einer allgemeinen Kulturgeographie
in: Die Erde, 100, 1969, S. 155–193, Berlin

2.2 Geschichte der Geographie

Beck, H.:
Geographie
Europäische Entwicklung in Texten und Erläuterungen
Orbis academicus Bd. II/16, Problemgeschichte der Wissenschaft in Dokumenten und Darstellungen.
Freiburg/München 1973, 510 S., Verlag Karl Alber
Keine Geschichte der Geographie, die übrigens noch nie dargestellt wurde; dafür aber eine Sammlung von Dokumenten und Darstellungen von der Geographie der Antike (550 v. Chr. – 644 n. Chr.) bis zur Geographie der Gegenwart am Anfang der siebziger Jahre.

Claval, P.:
La pensée géographique. Introduction à son histoire.
Paris, Société d'Enseignement Superieur, 1972
Paris 1972, 117 S., Publications de la Sorbonne, Centre d'histoire de la Géographie et de géographie historique. Série N.-S. Recherches".2.

Dickinson, R. E.:
The Makers of Modern Geography
London 1969, 305 S., Routledg & Kegan Paul Verlag
Die Entwicklung der modernen Geographie wird anhand von Kurzbiographien der bedeutendsten deutschen und französischen Geographen mit Aufzählung und Würdigung von deren wichtigsten Werken dargestellt.

Hartke, W.:
Denkschrift zur Lage der Geographie
Wiesbaden 1960, 143 S., Franz Steiner Verlag
Darstellung der Lage der Geographie, ihrer Arbeitsmethoden und Arbeitsrichtungen in Deutschland und im Ausland um 1960 sowie der damaligen personellen und materiellen Situation an den Hochschulen der Bundesrepublik Deutschland.

Krämer, W. (Hrsg.):
Die Entdeckung und Erforschung der Erde
Mit einem ABC der Entdecker und Forscher
Leipzig 1971, 440 S., Brockhaus Verlag

Pfeiffer, H. (Hrsg.):
Alexander von Humboldt. Werk und Weltgeltung
München 1969, Piper & Co., 509 S.

Schmithüsen, J.:
Geschichte der geographischen Wissenschaft von den ersten Anfängen bis zum Ende des 18. Jahrhunderts
BI-Hochschultaschenbücher 363/363a,
Mannheim 1970, 190 S., Bibliographisches Institut
Kurzgefaßte Geschichte der geographischen Wissenschaft von den Anfängen im klassischen Altertum bis zum Ende des 18. Jahrhunderts. Die Behandlung

der Entwicklung der geographischen Forschung von A. v. Humboldt und C. Ritter bis zur Gegenwart ist einem zweiten, noch nicht erschienenen Bande vorbehalten.

Thomale, E.:
Sozialgeographie
Eine disziplingeschichtliche Untersuchung zur Entwicklung der Anthropogeographie. Mit einer Bibliographie
Marburg 1972, Marburger geographische Schriften H. 53, 363 S.
(siehe 2.1 – Thomale, E.)

2.3 Analytische, quantitative und theoretische Geographie, Statistik

Bähr, J.:
Regionalisierung mit Hilfe von Distanzmessungen
in: Raumforschung und Raumordnung 29,1. Köln 1971, S. 11–19

Berry, B. J. L.:
Die wechselseitige Abhängigkeit zwischen Bewegungen im Raum und räumlichen Strukturen. Zur Grundlegung einer allgemeinen Feldtheorie.
in: Geographische Zeitschrift, Wiesbaden 1971, 59 Jg., S. 82–100
Die Entwicklung einer allgemeinen Feldtheorie trägt zum Verständnis der vielseitigen Beziehungen zwischen Güterströmen und räumlichen Strukturen bei, ferner ermöglicht sie Einsichten in politisch ausgerichtete Regionalisierungs- und Prognoseverfahren.

Chorley, R. J. and Haggett, P. (Hrsg.):
Models in Geography
London 1967, 815 S., Verlag Methuen
(auch in Form von drei Paperback-Bänden erhältlich)
Äußerst anregende Sammlung von Modellen aus der Physischen Geographie und der Kulturgeographie, Modelle können als selektive Annäherung betrachtet werden, die durch die Eliminierung zufälliger Details grundlegende Einsichten in die wirkliche Welt in einer generalisierten Form ermöglichen. Der Vorzug von Modellen wird besonders durch die Gegenüberstellung von nomothetischem und idiographischem Lehren und Lernen deutlich; die

Aufstellung von Modellen ist mit der Suche nach allgemeinen Gesetzmäßigkeiten verbunden, wogegen individuelle Besonderheiten weniger Beachtung finden. Modelle bieten damit die Möglichkeit der Übertragung wesentlicher Einsichten von einer bestimmten Situation auf eine andere. Für manchen erstaunlich mag die Tatsache sein, daß sich in der Physischen Geographie wie in der Kulturgeographie gleichartige Modellstrukturen finden lassen.

Cole, J. P.; King. A. M.:
Quantitative Geography
Techniques and Theories in Geography
London 1968, 692 S., John Wiley & Sons

An gut gewählten Beispielen wird in die Anwendung quantitativer Verfahrensweisen in der Geographie eingeführt. Ferner werden die Grundlagen für die Entwicklung von Modellen geliefert. Dabei werden physisch-geographische und anthropogeographische Aspekte gleichermaßen berücksichtigt.

Cooley, W. W. und Lohnes, P. R.:
Multivariate Data Analysis
New York 1971, 360 S., Verlag Wiley

Das Werk berücksichtigt auch die kanonische Analyse.

Cooley, W. W. und Lohnes, P. R.:
Multivariate Procedures in the Behavioral Sciences
New York 1962, 211 S., Verlag Wiley

Doornkamp, J. C.; King, C. A. M.:
Numerical Analysis in Geomorphology – An Introduction
London 1971, 372 S., Edward Arnold Verlag

Fischer, A.:
Die Struktur von Wirtschaftsräumen
Ein Beitrag zur Anwendung statistischer Methoden in der Regionalforschung. Wiesbaden, Statistische Studien, Wirtsch.- u. Sozialwissensch. Arb. a. d. Institut für Statistik d. Universität Erlangen-Nürnberg, Bd. 4, 1969

darin Faktorenanalyse auf S. 40–61.

Fliri, F.:
Statistik und Diagramm
Das Geographische Seminar, Praktische Arbeitsweisen
Braunschweig 1972, 2. Aufl., 98 S., G. Westermann Verlag

Auch für Nichtmathematiker gut lesbare Einführung in allereinfachste statistische Hilfsmittel des Geographen sowie in die graphische Darstellung von Zahlenwerten. Echte faktorenanalytische Verfahren werden nicht einbezogen.

Gossmann, H.:
Theorien zur Hangentwicklung in verschiedenen Klimazonen
Mathematische Hangmodelle und ihre Beziehung zu Abtragungsvorgängen. Würzburger Geographische Arbeiten, Mitteilungen der Geographischen Gesellschaft Würzburg, Würzburg 1970, 146 S. Selbstverlag d. Geographischen Instituts der Universität Würzburg.

(siehe 2.5.3 – Gossmann)

Gregory, S.:
Statistical Methods and the Geographer
London 1968, 278 S., Longmans, Green & Co. Ltd.

Anleitung für einfachere statistische Untersuchungen auf geographischem Gebiet.

Haggett, P.:
Einführung in die kultur- und sozialgeographische Regionalanalyse
Berlin, New York 1973, 414 S., de Gruyter Verlag

(siehe 2.6 – Haggett, P.: Einführung . . .)

Haggett, P. und Chorley, R. J.:
Network Analysis in Geography
London 1969, 348 S., Edward Arnold Verlag

Ergänzung und Erweiterung der Modellstudien des Werkes „Locational Analysis in Human Geography“ sowohl im physisch-geographischen als auch im sozialgeographischen Bereich. Die für das Verständnis vorausgesetzten mathematischen Kenntnisse sind zwar elementar, doch dürfte die Lektüre für den mathematisch Ungebübten einige Zeit erfordern. Kapitel 1 „Spatial Structures“ behandelt Raumstrukturen unter topologischen und geometrischen Aspekten, Kapitel 2 „Evaluation of Structures“ bringt vor allem Beispiele aus der Hydrogeographie, der Verkehrsgeographie und Landesplanung. Das letzte Kapitel „Structural Change“ behandelt Beispiele evolutionärer räumlicher Strukturveränderungen und stellt dazu Simulationsmodelle vor.

Hammond, R. u. McCullagh, P.:
Quantitative Techniques in Geography: An Introduction
Oxford 1974, 318 S., Clarendon Press, Oxford University Press

Gute Einführung in die quantitativen Techniken der Geographie. Neben der Darstellung deskriptiver statistischer Verfahren erfolgt auch die Hinführung zur Wahrscheinlichkeitstheorie, zur Stichprobenbildung und zu Hypothesentesten. Zahlreiche Beispiele und Übungsaufgaben erleichtern die Aneignung der Rechenverfahren.

Hudson, J. C.:
Geographical Diffusion Theory
Northwestern University, Studies in Geography No. 19
Evanston, Ill. 1972, 185 S.

Die geographisch bedeutsamen Aspekte der Innovationsforschung werden zusammenfassend dargestellt. Dabei werden auch die entsprechenden mathematischen Modelle abgehandelt.

Internationale Hydrologische Dekade, Theoretische Hydrologie
Deutsche Forschungsgemeinschaft Bonn-Bad Godesberg 1971, 92 S.

(siehe 2.5.5 – Internationale Hydrologische Dekade)

Kilchenmann, A.:
Quantitative Geographie als Mittel zur Lösung von planerischen Umweltproblemen
in: Geoforum 12/1972, S. 53–71, Braunschweig

(siehe 2.7 – Kilchenmann, A.)

Kilchenmann, A.:
Untersuchungen mit quantitativen Methoden über fremdenverkehrs- und wirtschaftgeographische Struktur der Gemeinden im Kanton Graubünden (Schweiz)
Dissertation Zürich 1968

darin: Faktorenanalyse, Distanzgruppierung, Diskriminanzanalyse auf S. 18–43

King, L. J.:
Statistical Analysis in Geography
Englewood Cliffs, N. J., 1969, 288 S., Prentice Hall

Dieses Buch führt auch in die kanonische Analyse ein.

Klemmer, P.:
Die Faktorenanalyse im Rahmen der Regionalforschung. Möglichkeiten und Grenzen ihrer Anwendung.
in: Raumforschung und Raumordnung 29,1. Köln 1971, S. 6–11

Marsal, D.:
Statistische Methoden für Erdwissenschaftler
Stuttgart 1967, 152 S.,
E. Schweizerbart'sche Verlagsbuchhandlung

Fast alle wichtigen elementaren und analytischen Methoden, zugeschnitten auf die Bedürfnisse des Erdwissenschaftlers und frei von höherer Mathematik, werden geboten.

Martens, R.:
Probleme einer Messung der geographischen Landschaft
in: Geographische Zeitschrift, 58. Jg.,
Wiesbaden 1970, S. 138–145

Anhand eines Beispiels beschreibt Verf. Meßbarkeit und Messung einer Landschaft. Zur Erforschung der Landschaft fordert er sowohl das induktiv empirische als auch das deduktiv mathematische Verfahren.

Österreichisches Institut für Raumplanung:
Sozialräumliche Gliederung Wiens
Typologie der Zählbezirke, verf. i. Auftr. d. Magistrates d. Stadt Wien, Arb. Nr. 254.1, Wien 1970

darin: Faktorenanalyse (Hauptkomponentenanalyse) und hierarchische Distanzgruppierung S. 13–23.

Otremba, G.:
Zur Anwendung quantitativer Methoden und mathematischer Modelle in der Geographie
in: Geographische Zeitschrift, 59. Jg., 1971, Wiesbaden, S. 1–22

Verf. schildert Möglichkeiten der Verwendung mathematischer Modelle und quantitativer Methoden in der Geographie. Behandelt werden u. a. Häufigkeitsverteilungen, Hauptkomponentenanalyse, Faktorenanalyse und graphentheoretische Modelle.

Schwarz, R.:
Die Leistung mathematischer Ansätze zur Verarbeitung geographischer Daten
in: Geographische Rundschau Jg. 26, H. 10, S. 381–390
Braunschweig 1974, Westermann Verlag

Steiner, D.:
Die Faktorenanalyse, ein modernes statistisches Hilfsmittel des Geographen für die objektive Raumgliederung und Typenbildung
in: Geographica Helvetica, 20, Bern 1965, S. 20–34
Einführung dieser Verfahren in den deutschen Sprachbereich der Geographie

Überla, K.:
Faktorenanalyse.
Eine systematische Einführung für Psychologen, Mediziner, Wirtschafts- und Sozialwissenschaftler
Berlin, Heidelberg, New York 1968, 399 S., Springer Verlag
Deutschsprachiges Standardwerk zur Faktorenanalyse und verwandten Verfahren.

Wallis, W. A.; Roberts, H. V.:
Methoden der Statistik. Ein neuer Weg zu ihrem Verständnis
Hamburg 1969, rororo-Handbuch Nr. 6091–6095, 574 S.
Das Buch bringt eine Fülle von Beispielen aus verschiedenen Wissensgebieten. Es gelingt den Autoren dieser elementaren Einführung, die Methoden der deskriptiven Statistik mit denen der mathematischen Statistik in einer solchen Form zu vereinen, daß auch der nicht mathematisch vorgebildete Leser die grundlegenden Zusammenhänge versteht.

Weber, E.:
Grundriß der biologischen Statistik
Anwendungen der mathematischen Statistik in Naturwissenschaft und Technik
Stuttgart 1972 (7. überarbeitete Auflage), 706 S.,
Gustav Fischer Verlag
Die hohe Auflagenzahl spricht für sich. Das Buch ist als methodisch hervorragende Einführung in die Statistik weit über die Biologie hinaus bekannt und zählt zu den statistischen Standardwerken. Die voll durchgerechneten Beispiele entstammen zwar der Biologie, doch sind die dargestellten statistischen Methoden ohne Schwierigkeiten auch für den Nichtbiologen einsichtig und auf sein Anwendungsgebiet übertragbar.

2.4 Mathematische Geographie, Kartographie, Luftbild, Remote Sensing, Interpretation von Karte und Luftbild

Arnberger, E.:
Handbuch der thematischen Kartographie
Wien 1966, 554 S., Franz Deuticke Verlag

Der Geograph ist heute kaum noch selbst mit der Reinzeichnung und dem Druck einer thematischen Karte befaßt. Viele Ausführungen des in erster Linie für den Kartographen geschriebenen Werkes sind daher zweifellos zu speziell. Dies gilt nicht für den Hauptteil des Buches, die Methodenlehre der thematischen Kartographie „Methodenlehre der Kartengraphik thematischer Ausdruckformen". Dieser Teil bietet dem Geographen durch die vielfältigen aufgeführten und abgebildeten graphischen Darstellungsmöglichkeiten eine Fülle von Anregungen für den Entwurf seiner Karten.

Barrett, E. C. and Curtis, F. C. (Eds.):
Environmental Remote Sensing
Applications and Achievements
London 1974, 324 S., Verlag Edward Arnold

Aufsatzsammlung über die gegenwärtige und in Zukunft mögliche Fernerkundung unserer Umwelt (Satellitenaufnahmen, Luftbilder, Radar).
Teil I behandelt: Rocks, Soils and Landforms, Teil II: Land Use, Vegetation and Crops, Teil III: Water and Climate.

Bennison, G. M.:
An Introduction to Geological Structures and Maps
London 1968, 64 S., Edward Arnold (Publisher) Ltd.
(siehe 2.5.1.2 – Bennison, G. M.)

Bertin, J.:
Graphische Semiologie. Diagramme, Netze, Karten
Übersetzt nach der 2. französischen Auflage von G. Jensch, D. Schade, W. Scharfe
Berlin, New York 1974, 430 S., de Gruyter Verlag

Versuch einer wissenschaftlichen Analyse des graphischen Zeichensystems in seiner Gesamtheit.

Bomford, G.:
Geodesy
Oxford 1971, 731 S., Clarendon Press

Bekanntes Handbuch der höheren Geodäsie, in der auch die Satellitengeodäsie auf 40 Seiten behandelt wird.

Dickinson, G. C.:
Maps and Air Photographs
London 1969, 286 S., Verlag Edward Arnold

Eine sehr brauchbare Anleitung für die Benutzung und Interpretation von topographischen Karten und Luftbildern.

Fezer, F.:
Karteninterpretation
Das Geographische Seminar. Praktische Arbeitsweisen.
Braunschweig 1974, 149 S., Westermann Verlag

Sieht man von grundsätzlichen Bedenken gegenüber der traditionellen Karteninterpretation (vgl. Besprechung Hüttermann, A.: Karteninterpretation) ab, so muß man sich fragen, ob das Bändchen tatsächlich praktische Arbeitsweisen und „allgemein verwendbare Deutungen und Regeln zu einer methodischen Anleitung" (S. 8) vermittelt. Verf. unternimmt den Versuch, Anleitungen für eine Karteninterpretation weltweit zu geben. Beachtet man, daß in den üblichen Veranstaltungen zur Karteninterpretation selten über mitteleuropäische Kartenwerke hinausgegangen wird, so fragt man sich angesichts der weltweit verstreuten, meist sehr interessanten und methodisch gut dargestellten Beispiele, wem hier geholfen werden sollte. Für eine Anleitung zur Interpretation beliebiger Kartenwerke ist allein schon der Umfang des Bändchens zu bescheiden.
Um den tatsächlichen Bedürfnissen der Studenten entgegenzukommen, hätten dagegen Merkmale und Aussagefähigkeit mitteleuropäischer Kartenwerke intensiver behandelt werden müssen.

Freitag, U.:
Verkehrskarten
Systematik und Methodik der kartographischen Darstellung des Verkehrs mit Beispielen zur Verkehrsgeographie des mittleren Hessen.
Giessener Geographische Schriften, H. 8, 1966, 112 S.,
W. Schmitz Verlag

Gierloff-Emden, H. G. und Schroeder-Lanz, H.:
Luftbildauswertung
BI-Hochschultaschenbücher, Bibliographisches Institut
Bd. I, 358/358a, 154 S., Bd. II 367/367a, 303 S.
Mannheim/Zürich/Wien 1970

Hake, G.:
Kartographie II.
Thematische Karten, Atlanten, kartenverwandte Darstellungen, Kartentechnik, Kartenauswertung
Sammlung Göschen Bd. 1245/1245a/1245b
Berlin 1970, 202 S., de Gruyter Verlag

Hake, G.:
Kartographie I
Kartenaufnahme, Netzentwürfe, Gestaltungsmerkmale, topographische Karten. Sammlung Göschen Bd. 9030, 5. Aufl.
New York, Berlin 1975, 288 S., Walter de Gruyter Verlag

Knappe, aber im Gegensatz zu den anderen auf dem Markt befindlichen Einführungen in die Kartographie sehr präzise Darstellung. Dies gilt insbesondere für das Kapitel über kartographische Netzentwürfe, in dem anhand instruktiver Abbildungen die wichtigsten Entwürfe behandelt werden.

Hofmann, W.:
Geländeaufnahme – Geländedarstellung
Das Geographische Seminar, Praktische Arbeitsweisen
Braunschweig 1971, 102 S., G. Westermann-Verlag

Auch wenn die überwiegende Mehrheit der Geowissenschaftler in der Praxis mit Aufnahmeverfahren nicht in Berührung kommt, bieten die praktischen Anleitungen zur Arbeit im Gelände und die Beschreibung ihrer mathematisch-physikalischen Grundlagen wertvolles Verständnis für das topographische Grundgerüst einer Karte sowie über die Aussagekraft verschiedener Möglichkeiten der Reliefwiedergabe.

Hofmann, W. und Louis, H. (Hrsg.):
Landformen im Kartenbild
Topographisch-Geomorphologische Kartenproben 1 : 25000
Gruppe V: Alpenvorland. Kartenprobe 1: Drumlin-Landschaft zwischen Starnberger und Ammersee (7 S.), Kartenprobe 2: Eiszerfall-Landschaft bei Seon, nördlich des Chiemsees (11 S.), Kar-

tenprobe 3: Jungmoränenlandschaft bei Weßling, südwestlich München (8 S.), Kartenprobe 4: Schotterfluren und Schotterterrassen am Inn bei Gars, nordöstlich Wasserburg (16 S.)
Herausgegeben im Auftrag des Arbeitskreises „Topographisch-Geomorphologische Kartenproben 1 : 25000", Braunschweig.

Die hier beispielhaft genannte Gruppe V: Alpenvorland gehört zu einer Sammlung von kartographisch neu bearbeiteten Karten der typischen Landformen Mitteleuropas. Jede Kartenprobe enthält eine orohydrographische Ausgabe, eine dreifarbige Grundform und eine Ausgabe mit Schräglichtschummerung und grünem Waldaufdruck. Hinzu kommt jeweils ein Erläuterungstext, in dem das Aufnahmeverfahren im Gelände, die kartographische Bearbeitung und der geomorphologische Formenschatz des betreffenden Blattes erörtert werden.
Die Sammlung erweist sich vor allem für den kartierenden Geomorphologen sowie für den Kartographen als nützlich. Weniger geeignet hat sie sich wegen der von den amtlichen topographischen Kartenwerken abweichenden Bearbeitung und wegen der Beschränkung auf den Maßstab 1 : 25 000 für den mit der Karteninterpretation beschäftigten Studenten erwiesen.

Landformen im Kartenbild behandelt die folgenden Landschaften:
I. Norddeutsches Flachland
II. Mittelgebirge, gefalteter Unterbau, stellenweise überlagert
III. Mittelgebirge, Schichttafeln, Schichtstufen, Schichtkämme
IV. Mittelgebirge, an Vulkanismus gebundene Formen
V. Alpenvorland
VI. Alpen, Nördliche Flysch- und Kalkalpen
VII. Alpen, Zentralalpen

Hoschek, J.:
Mathematische Grundlagen der Kartographie
BI-Hochschultaschenbücher 443/443a,
Mannheim 1969, 167 S., Bibliographisches Institut

Wer wirklich an die Grundlagen der Kartographie herangeführt werden will und sich nicht mit fadenscheinigen Plausibilitätsbeweisen zufrieden geben will, der muß sich leider zuerst mit dem notwendigen mathematischen Rüstzeug der Differentialgeometrie befassen. Das Buch vermittelt diese Kenntnisse auf 50 Seiten in ausgezeichneter Weise. Es folgt sodann die Vorstellung der wichtigsten echten und unechten Kartennetzentwürfe. Zahlreiche Abbildungen und Tabellen tragen zum Verständnis sowie zur Beurteilung der Entwürfe bei. Da die meisten Entwürfe über die Polachse entwickelt werden, wird für eine allgemeine Lage der Entwurfsachse eine einfache Koordinatentransformation angegeben, so daß Methoden der sphärischen Trigonometrie nicht benötigt werden. Kartographische Rechenmethoden werden nicht angegeben, dafür bietet der Anhang Rechenprogramme, die auf die Anwendung der modernen Computer sowie elektronisch gesteuerter Zeichengeräte hinweisen.

Hüttermann, A.:
Karteninterpretation in Stichworten
Geographische Interpretation topographischer Karten
Hirt's Stichwörterbücher
Kiel 1975, 160 S., Verlag Ferdinand Hirt

Die Interpretation topographischer Karten gehört zum festen Bestandteil der Ausbildung von Geographiestudenten an deutschen Hochschulen. Inwieweit die Karteninterpretation in der bisherigen Form sinnvoll ist, sei dahingestellt. Man bedenke, daß die Studenten während ihrer kurzen Studienzeit ein Semester (2 Wochenstunden) mit einer ritualähnlichen Übung zubringen, bei der es darum geht, allein aus einer topographischen Karte unter Verzicht auf vorhandene andere Instrumente (wie z. B. thematische Karten, Literatur, Luftbilder etc.) Erkenntnisse über geographische Zusammenhänge und Strukturen eines Raumes zu gewinnen. Damit sei nicht die hohe Kunst der Karteninterpretation und ihre Bedeutung für die Schulung geographischen Denkens in Abrede gestellt. Es fragt sich lediglich, ob der Zeitaufwand lohnt.
Für den Studenten dürfte das Bändchen in kurzer Zeit zu einem Vademecum der Karteninterpretation werden. Übersichtliche Gliederung und methodisch gut ausgewählte Kartenausschnitte und -skizzen ermöglichen eine rasche Orientierung. Neben den schwerpunkthaft behandelten deutschen topographischen Karten werden auch französische, britische und italienische Kartenwerke berücksichtigt.

Imhof, E.:
Kartographische Geländedarstellung
Berlin 1965, 425 S., de Gruyter Verlag

Imhof, E.:
Thematische Kartographie
Lehrbuch der Allgemeinen Geographie X
Berlin 1972, 360 S., de Gruyter Verlag

Jensch, G.:
Die Erde und ihre Darstellung im Kartenbild
Das Geographische Seminar
Braunschweig 1970, 175 S., G. Westermann Verlag

Auf den ersten 50 Seiten bringt dieses Buch im Kapitel „Die Erde als Planet" einen kurzen Abriß der sog. „Mathematischen Geographie". Es folgen sodann in verständlicher Form die Behandlung der wichtigsten Netzentwürfe und des Karteninhalts. Die Ausführungen über thematische Kartographie sind sehr kurz (22 S.) und für die praktische Arbeit des Geographen wenig ergiebig.

Krauss, G.; Beck, W.; Appelt, G.; Knorr, H.:
Die amtlichen Kartenwerke der Bundesrepublik Deutschland
Sammlung Wichmann, N. F., Schriftenreihe H. 10,
Karlsruhe 1969, 51 S.

Das mit zahlreichen Kartenproben versehene Heft bringt für jeden der Maßstäbe 1 : 25 000, 1 : 50 000, 1 : 100 000 und 1 : 200 000 eine kurze Entwicklungsgeschichte sowie Erläuterungen des betr. Kartenwerkes.

Lehmann, G.:
Photogrammetrie
Sammlung Göschen, Bd. 1188/1188a, 2. Aufl.,
Berlin 1966, 205 S., de Gruyter Verlag

Das Bändchen behandelt in gedrängter, aber gut verständlicher Form Methoden der Erdbild- und Luftbildmessung.

Liss, C.:
Zum Problem der Verzerrung auf Weltkarten – Kritik des Kartennetzentwurfes von A. Peters
in: Geographische Rundschau,
Braunschweig 1973, H. 10, S. 399–401

Durch Massenmedien wurde 1973 ein scheinbar völlig neuartiger Kartennetzentwurf vorgestellt, der geeignet sei, „das in der Schule noch immer falsche Kartenbild unserer Erde" abzulösen. Der Entwurf von A. Peters bilde dagegen die Erde so ab, „wie sie wirklich ist".
Verf. entlarvt durch einen Rückblick auf die Geschichte der Kartographie und durch kurze Behandlung des Grundproblems der Kartographie – wonach nämlich eine verzerrungsfreie Abbildung der Kugeloberfläche auf die Kartenebene prinzipiell unmöglich ist – die Propaganda für den Peters'schen Entwurf als unseriöse Werbung. Im übrigen erweist sich ausgerechnet der Entwurf von A. Peters als – nützliches – Negativbeispiel zur Verdeutlichung von Formverzerrungen.

Meine, K.-H.:
Darstellung verkehrsgeographischer Sachverhalte
Ein Beitrag zur thematischen Verkehrskartographie
Forschungen zur Deutschen Landeskunde, Bd. 136,
Bad Godesberg 1967, 135 S.

Mitteilungen der Österreichischen Geographischen Gesellschaft
Bd. 112, Heft 2/3, Wien 1970, S. 181–352

Das Heft behandelt auf den Seiten 181–352 sowei 398–415 ausschließlich neuere Fragen der Kartographie.

Inhalt:

H. Bobek:	Österreich-Atlas, Gesamtanlage und Einzelgestaltung (s. 181–203)
E. Arnberger:	Die Kartographie als Wissenschaft und ihre Beziehungen zur Geographie und Geodäsie (204–232)
L. Brandstätter:	Schattenplastik oder Scharungsplastik (233–252)
W. Pillewizer:	Erfahrungen mit kartographischen Hochgebirgsaufnahmen auf Forschungsreisen (253–271)
J. Kretschmer:	Zur Wahl der Netzentwürfe in der thematischen Kartographie (272–291)
H. Schiede:	Das Element Farbe in der thematischen Kartographie (292–313)
R. Schweissthal:	Topographische und thematische Luftbildkarten (314–323)
E. Spiess:	Eigenschaften von Kombinationen graphischer Variablen (324–338)
W. Witt:	Grenzlinien und Grenzgürtelmethode (339–352)
F. Aurada:	Zur Lage der Schulkartographie am Beginn der siebziger Jahre (398–415)

Paschinger, H.:
Grundriß der Allgemeinen Kartenkunde
1. Teil: Einführung in das Kartenverständnis und in die großen Kartenwerke (unter Mitarbeit von H. Riedl), 3. Aufl., Innsbruck/München 1967, 102 S.
2. Teil: Netzentwürfe geographischer Karten (Projektionslehre), 3. Aufl., Innsbruck 1966, 71 S.
Universitätsverlag Wagner

Insbesondere von mathematisch nicht Interessierten bevorzugte Kartenkunde, die jedoch nur einen allerersten Abriß bietet und dem Vergleich mit neueren Kartenkunden kaum standhält.

Salistschew, K. A.:
Einführung in die Kartographie
Gotha/Leipzig 1967, VEB Hermann Haack
Bd. I Textband, 200 S., Bd. II Kartenband, 104 S.

Aus dem Russischen übertragene Einführung mit Behandlung topographischer und thematischer Karten. Von besonderem Interesse sind die in der deutschen Ausgabe enthaltenen Kartenproben aus der DDR.

Schmidt-Kraeplin, E.; Schneider, S.:
Luftbildinterpretation in der Agrarlandschaft und Beispiele ihrer Anwendung aus dem Lande Nordrhein-Westfalen.
Landeskundliche Luftbildauswertung im mitteleuropäischen Raum, H. 7, Bad Godesberg 1966, 156 S.; Selbstverlag der Bundesanstalt für Landeskunde und Raumforschung

Schneider, S.:
Luftbild und Luftbildinterpretation
Lehrbuch der Allgemeinen Geographie Bd. XI,
Berlin, New York 1974, 530 S., de Gruyter Verlag

Umfang, Inhalt und Preis (195,– !) lassen dieses Buch eher als Hand- denn als Lehrbuch erscheinen. Behandelt werden Fragen der Aufnahme und Auswertung, Geräte und Interpretationsmethoden, neuere Forschungsergebnisse (bis hin zu Zukunftshoffnungen) und Darstellungsarten. Inhaltlich geht Verf. mitunter weit über geographisch relevante Themen hinaus. Etwa die Hälfte des Bandes wird von fachspezifischen Interpretationsbeispielen und Erläuterungen eingenommen: Landformen und Gesteine, Wasser und Eis, Vegetation, Forst- und Landwirtschaft, Bodenzerstörung, urgeschichtliche und bestehende Siedlungen und Raumgliederung. Fachspezifisch ist auch der Literaturnachweis (80 S.) aufgebaut.
Das Buch eignet sich sowohl für die praktische Arbeit als auch für den Unterricht in der Luftbildinterpretation in ausgezeichneter Weise.

Schweissthal, R.:
Geländeaufnahme mit einfachen Hilfsmitteln
Frankfurt/M. 1966, 78 S., R. Eisenschmidt GmbH Verlag

Torge, W.:
Geodäsie
Sammlung Göschen, Bd. 2163
Berlin 1975, 268 S., Walter de Gruyter

Tricart, J., Rimbert, S., Lutz, G.:
Introduction à l'utilisation des photographies aériennes en géographie, géologie, écologie, aménagement du territoire. Tome I.
Paris 1970, 247 S., Société d'Edition d'Enseignement Supérieur

Tricart, J.; Rochefort, M.; Rimbert, S.:
Initiation aux travaux pratiques de Géographie
Paris 1972, 255 S., Sociéte d'Edition d'Enseignement Supérieur
Einführung in praktische Arbeitsweisen der physischen Geographie und der Kartographie.

Troll, C.:
Luftbildforschung und landeskundliche Forschung
Erdkundliches Wissen Heft 12
Wiesbaden 1966, 154 S., Franz Steiner Verlag
Neuauflage von fünf Arbeiten C. Troll's aus den Jahren 1939–1963 zum Thema Luftbildinterpretation, darunter die grundlegenden Aufsätze „Luftbildplan und ökologische Bodenforschung" sowie „Geographische Luftbildinterpretation". Im letztgenannten Aufsatz erörtert C. Troll die besonderen Möglichkeiten der Luftbildinterpretation bei der Aufhellung funktionaler Wechselbeziehungen im Raum.

Wilhelmy, H.:
Kartographie in Stichworten
Hirt's Stichwörterbücher
Kiel 1972 (2. Aufl.), Verlag F. Hirt
Bandausgabe (Teile I – III) 388 S.,
Teil I: Kartenprojektionen, 100 S.,
Teil II: Karteninhalt und Kartenwerke, 104 S.,
Teil III: Thematische Kartographie, 188 S.
Weit verbreitete Einführung in die Kartographie, von der jedoch nur Teil III wegen der Fülle der dargebotenen thematischen Ausdrucksformen und graphischen Möglichkeiten besonders zu empfehlen ist. Ausgesprochen dürftig nimmt sich Teil I aus, in dem der zwecklose Versuch unternommen wird, kartographische Abbildungen ohne jegliche mathematische Ableitung zu behandeln. Abgesehen davon, daß der interessierte Leser dadurch Rezepte, aber keine Erkenntnisse vermittelt bekommt, wird der Anfänger auch noch über die eigentlichen Probleme kartographischer Abbildung im Unklaren gelassen.

Witt, W.:
Thematische Kartographie
Methoden und Probleme, Tendenzen und Aufgaben.
Veröffentlichungen der Akademie für Raumforschung und Landesplanung, Abhandlg. Bd. 49,
Hannover 1967, 766 S., Gebrüder Jänecke Verlag

2.5 Allgemeine Physische Geographie

Arbeitsmethoden in der physischen Geographie
(Autorenkollektiv Heyer, E. u. a.) Berlin (Ost) 1968, 284 S.,
Beiheft hierzu 64 S., Volk und Wissen Volkseigener Verlag

Übersichtliche, auf praktische Anwendung bedachte Einführung in quantitative Arbeitsverfahren der physischen Geographie. U. a. werden Verfahren behandelt aus den Gebieten Geodäsie, Kartographie, Geomorphologie, Bodenkunde, Klimatologie, Hydrologie und Vegetationsgeographie. Den Abschluß bildet eine Integration der beschriebenen Arbeitsmethoden zu landschaftsökologischer Arbeitsweise.

Chorley, R. J.; Kennedy, B. A.:
Physical Geography – A Systems Approach
London 1971, 370 S., Prentice Hall

Gesamtdarstellung der physischen Geographie aus systemtheoretischer Sicht. Besonderer Wert wird auf die Darstellung der Zusammenhänge zwischen sozioökonomischen und physischen Systemen gelegt.

Hard, G.:
Zur Methodologie und Zukunft der Physischen Geographien an Hochschule und Schule
Möglichkeiten physisch-geographischer Forschungsperspektiven,
in: Geographische Zeitschrift 61. Jg., 1973, H. 1, S. 5–35

Hempel, L.:
Einführung in die Physiogeographie
Wissenschaftliche Paperbacks Geographie
Wiesbaden 1974, Franz Steiner Verlag

Bd. 1 Einleitung und Geomorphologie, 147 S.
Bd. 2 Klimageographie, 102 S.,

Bd. 3 Hydrogeographie, 72 S.,
Bd. 4 Pflanzengeographie, 81 S.,
Bd. 5 Bodengeographie, 71 S.

Verf. ist nur teilweise auf den lehrbuchmäßig behandelten Gebieten auch durch eigene Arbeiten hervorgetreten. Die Bändchen stellen bisweilen eine Zusammenstellung aus umfangreicheren Lehrbüchern dar. Die Auswahl der Inhalte ist nicht immer ganz einsichtig; für eine Einführung hätte man sich mehr Motivation im Sinne einer Anknüpfung an wichtige geographische Fragestellungen (z. B. geo-ökologischer Art), weniger dagegen ein recht trockenes Abarbeiten naturwissenschaftlicher Beweisketten gewünscht. Da ein Register fehlt, bleibt außer einer konsequenten Durcharbeitung der Kapitel der Nutzungswert der Bändchen gering. Für die Reihe spricht ihr Preis (insgesamt ca. 65,– DM), doch sollte beachtet werden, ob nicht mit einer geringfügig höheren Investition bedeutend mehr erstanden werden kann.

Markov, K. K. u. a.:

Einführung in die allgemeine physische Geographie

Gotha/Leipzig 1971, 164 S., VEB Hermann Haack

Übersetzung aus dem Russischen, die Gegenstand und Methoden der physischen Geographie vorstellt. Als Kern und Erkenntnisziel der physischen Geographie werden die naturgesetzliche Einheit der Geosysteme und die Grundlagen ihrer räumlichen Ordnung herausgestellt.

Mostler, G.:

Die Erde

Erdkundliches Lehrbuch zum Diercke Weltatlas
Braunschweig 1972 (5. Aufl.), 267 S., G. Westermann Verlag

Das Buch ist eigentlich als Kompendium der physischen Geographie für die Oberstufe von Gymnasien gedacht, bietet jedoch – angesichts der geringen Zahl geographischer Unterrichtsstunden – in der Regel auch Studienanfängern noch einen guten Einstieg in die Physische Geographie und verwandte Disziplinen. Das Buch enthält instruktive Beispiele zur Erhellung der Wechselbeziehungen Erde – Mensch. Nützlich sind die weiterführenden Literaturhinweise, Anregungen und Verständnisfragen am Ende eines jeden Kapitels.

Neef, E. (Hrsg.):

Das Gesicht der Erde. Mit einem ABC

3. Aufl. Leipzig 1970, 908 S., VEB F. A. Brockhaus Verlag

Das Taschenbuch der Physischen Geographie enthält als ersten Halbband eine regionale physische Geographie der Erde, wobei der mitteleuropäische Raum besonders ausführlich behandelt wird. Fast unentbehrlich für jeden Geographen ist der zweite Halbband, der ein ausgezeichnetes Wörterbuch der physischen Geographie enthält.

Strahler, A. N.:
Physical Geography
New York, London 1969, (3. Aufl.), 733 S.,
Verlag John Wiley and sons, inc.

Ausgezeichnete Einführung in die physische und mathematische Geographie sowie in die Kartographie. Das Buch ist untergliedert in die Kapitel: I. the earth as a globe (= mathem. Geographie und Kartennetzentwurfslehre), II. atmosphere and oceans (= Klimatologie, Ozeanographie, Wasserhaushalt der Erde), III. climate, soils and vegetation (= Klima- und Vegetationszonen der Erde, zonale Böden), IV. landforms of the earth's crust (Geomorphologie mit einem Kapitel über quantitative Methoden, Davis'sche Zyklentheorie). Alle Kapitel sind didaktisch hervorragend aufbereitet und mit meisterhaften Photos, Blockbildern und Diagrammen versehen. Die angeführten Beispiele stammen überwiegend aus den USA. Leider ist fast ausschließlich nur angelsächsisches Schrifttum berücksichtigt worden. Eine ähnlich ansprechende Einführung fehlt leider in der deutschsprachigen Literatur. Allenfalls ist „Die Erde" von G. Mostler (siehe dort) in diesem Zusammenhang zu nennen. Beide Bücher bieten durch Wiederholungsfragen und Themenvorschläge am Ende jedes Kapitels eine Anleitung zum Selbststudium. In den Abschnitten über Geomorphologie wird leider immer noch die Zyklenlehre von Davis zu unkritisch vertreten.

Trewartha, G. T.; Robinson, A. H.; Hammond, E. H.:
Fundamentals of Physical Geography
New York, London 1968, 384 S. mit Kartenanhang,
McGraw-Hill Book Company

Das Buch bietet eine kurze Einführung in die wichtigsten Teilgebiete der allgemeinen physischen Geographie. Die Verfasser sind zwar bemüht, auch den Wechselwirkungen zwischen den physischen Landschaftselementen Beachtung zu widmen, doch kommt dieser Versuch wegen der strikten Trennung von Klimatologie, Geomorphologie, Vegetations- und Bodengeographie kaum zum Ausdruck, Statt dessen dominiert die Behandlung der Einzelelemente in weltweitem Überblick.

Tricart, J.; Rochefort, M.; Rimbert, S.:
Initiation aux travaux pratiques de Géographie
Paris 1972, 255 S.,
Sociéte d'Edition d'enseignement Supérieur

Einführung in praktische Arbeitsweisen der physischen Geographie und der Kartographie.

Wagner, J.:
Physische Geographie
Harms Erdkunde
München 1964, 5. Aufl., 380 S., Paul List Verlag
(Lehrerhandbuch, siehe 1.4 – Harms Handbuch der Erdkunde)

2.5.1 Hilfs- und Nachbarwissenschaften der Physischen Geographie

2.5.1.1 Bodenkunde, Bodengeographie

Brauns, A.:
Praktische Bodenbiologie
Stuttgart 1968, 488 S., Gustav Fischer Verlag

Cruickshank, J. G.:
Soil Geography
Newton Abbot 1972, 256 S., David & Charles
Als Einführung vor allem wegen des guten didaktischen Aufbaus empfehlenswert. Die Literaturauswahl ist allerdings teilweise zu einseitig.

Eyre, S. R.:
Vegetation and Soils. A World Picture
London 1970, 328 S., Edward Arnold (Publishers) Ltd.

Ganssen, R.:
Bodengeographie mit besonderer Berücksichtigung der Böden Mitteleuropas
Stuttgart 1972 (2. Aufl.), 325 S., K. F. Koehler Verlag
Hauptziel dieses empfehlenswerten Buches ist die Klärung der Beziehungen zwischen bodenbildenden Prozessen und jeweiliger geographischer Situation, d. h. also der Versuch, die Bodenbildung aus der Wirkung der Stoffe, Kräfte und Energien der jeweiligen Umwelt verständlich zu machen. Damit wird ein enger Zusammenhang zwischen Bodenkunde und Geographie deutlich, wobei auf geographischer Seite vor allem Geomorphologie und Wirtschaftsgeographie betroffen sind. Teil I des Buches behandelt die Gesetze der Boden-

bildung in verschiedenen Erdräumen, wobei typische Böden den strahlungsklimatischen Zonen der Erde zugeordnet werden. Teil II behandelt Verbreitung und Nutzung wichtiger Böden in einzelnen Kontinenten.
Das mit aussagekräftigen schematischen Darstellungen, Tabellen, Karten und Abbildungen sowie einem umfangreichen, klargegliederten Literaturverzeichnis versehene Werk steht bei bodenkundlich und geozonal-ökologisch interessierten Geographen im Range eines unentbehrlichen Handbuches.

Ganssen, R.:
Grundsätze der Bodenbildung
BI-Hochschultaschenbücher Nr. 327
Mannheim 1968, 135 S., Bibliographisches Institut

Preiswerte und gut verständliche Einführung in die Bodenkunde. Im ersten Teil des Taschenbuches werden die wichtigsten Grundlagen und Prozesse der Bodenbildung besprochen. Teil 2 behandelt die zonalen Bodenbildungsprozesse auf der Erde und die entsprechenden Bodentypen.

Ganssen, R.:
Trockengebiete
Böden, Bodennutzung, Bodenkultivierung, Bodengefährdung
BI-Hochschultaschenbücher, Bd. 354/354a,
Mannheim/Zürich 1968, 186 S., Bibliographisches Institut

Eine zum Selbststudium und zum raschen Nachschlagen methodisch hervorragend konzipierte Darstellung mit instruktiven Graphiken und Karten. Das Buch ist insbesondere für den geoökologisch Interessierten von hohem Wert, da es die Gefahren einer allzu eiligen Inkulturnahme von Trockenräumen (falsche Bewässerung, drohende Versalzung) aufzeigt und auf die Notwendigkeit hinweist, auch bei den scheinbar unveränderlichen Böden die Wirkung von menschlichen Impulsen zu beachten.

Ganssen, R., und Hädrich, F.:
Atlas zur Bodenkunde
Meyers Großer Physischer Weltatlas Bd. I,
Mannheim 1965, 85 S., Bibliographisches Institut

Der Atlas zur Bodenkunde bietet durch Karten, Bodenprofile, Darstellungen über Bodenzonierung und bodenbildende Prozesse in Abhängigkeit von Relief, Klima und Vegetation sowie durch erläuternde Texte eine gute Übersicht über die Vielfalt der Thematik bodenkundlicher Forschung. Besonders ausführliche Darstellungen sind dem mitteleuropäischen Raum gewidmet.

Hartge, K. H.:
Die physikalische Untersuchung von Böden
Stuttgart 1971, F. Enke Verlag, 168 S.

Für landwirtschaftliche Bodenkundler verfaßt, bietet dieser knapp geschriebene Leitfaden auch dem ökologisch arbeitenden Geographen wertvolle methodische Hinweise. Die behandelten Verfahren erfordern nur einen relativ bescheidenen, preiswerten Geräteaufwand.

Mückenhausen, E.:
Entstehung, Eigenschaften und Systematik der Böden der Bundesrepublik Deutschland
Frankfurt/M. 1962, 148 S., DLG-Verlags-GmbH

Neben der systematischen Behandlung der Böden in instruktiven farbigen Profilen bietet das Buch zugleich den Vorteil eines Lehrbuches der in Deutschland vorkommenden Böden.

Müller, S.:
Böden unserer Heimat
Ein Leitfaden zur Bodenbeurteilung im Gelände für Praktiker, Planer, Natur- und Gartenfreunde
Kosmos-Naturführer, Stuttgart 1969, 174 S., Franckh'sche Verlagshandlung

Wie die meisten anderen Naturführer für den interessierten Laien in dieser Reihe ist auch dieses Buch für den Geographen im Gelände von hohem praktischen Nutzen. Der besondere Wert des zweiten Teils „Bodenbeurteilung im Gelände" liegt in der Anleitung zu Aussagen über Entwicklung, Eigenschaften und Nutzungsmöglichkeiten des Bodens, die sich ohne Laborarbeit allein aus der Untersuchung am Bodenprofil gewinnen lassen. Der erste Teil „Grundzüge des Bodens und seiner Entwicklung" vermittelt bodenkundliches Grundwissen.

Scheffer, F., und Schachtschabel, P.:
Lehrbuch der Bodenkunde
Stuttgart 1970 (7. Aufl.), 448 S., F. Enke Verlag

Schlichting, E., und Blume, H.-P.:
Bodenkundliches Praktikum
Hamburg, Berlin 1966, 209 S., Verlag Paul Parey

Untertitel des Buches: „Eine Einführung in pedologisches Arbeiten für Ökologen, insbesondere Land- und Forstwirte, und für Geowissenschaftler".

Unentbehrliches Werk für den bodenkundlich arbeitenden Geographen. Den ersten Teil bildet eine Anleitung zur Aufnahme und Deutung eines Bodenprofils. Es folgt eine Einführung in die Bodenkartierung. Den Hauptteil bildet eine Anleitung zu physikalischen und chemischen Bodenuntersuchungen im Labor. Besonders hervorzuheben ist das erfolgreiche Bemühen der Verfasser, dem Leser einfache, keinen großen Laboraufwand erfordernde Methoden mitzuteilen.

Schroeder, D.:
Bodenkunde in Stichworten
Kiel 1972, 144 S., Hirt Verlag

Darstellung wichtigster Abschnitte der Bodenkunde in Kurzform mit zahlreichen Tabellen und Skizzen. Das Buch eignet sich gut zum Nachschlagen und Wiederholen, weniger dagegen für einen ersten Einstieg in die Bodenkunde.

2.5.1.2 Geologie

Bennison, G. M.:
An Introduction to Geological Structures and Maps
London 1968, 2. Aufl., 64 S., Edward Arnold (Publishers) Ltd.

Eine preiswerte Einführung in das Lesen und Zeichnen geologischer Karten und Profile mit ausgezeichneten Kartenbeispielen.

Beurlen, K.:
Welche Versteinerung ist das? Kosmos Naturführer
Tabellen zum Bestimmen von Versteinerungen Mitteleuropas
Stuttgart 1961, 176 S., Franckh'sche Verlagshandlung

Die gut bebilderten Tabellen gehen im allgemeinen nur bis zur Gattung; die Bestimmung der Arten erfordert darüber hinaus speziellere Literatur. Besonders gekennzeichnet sind die als Leitfossilien wichtigen Gattungen, ebenso auch Gattungen, die wichtige Leitfossilien unter ihren Arten enthalten.

Brinkmann, R.:
Abriß der Geologie
1. Bd. Allgemeine Geologie, 10. Aufl., Stuttgart 1967, 268 S.
2. Bd. Historische Geologie, 9. Aufl., Stuttgart 1966, 345 S.
Ferdinand Enke Verlag

Wohl das am meisten verbreitete, stets den jüngsten Erkenntnissen Rechnung tragende deutschsprachige Geologie-Lehrbuch, das eine umfangreiche Stoffülle in sehr kurzer und daher dem Anfänger mitunter schwer verständlicher Form wiedergibt.

Brinkmann, R. (Hrsg.):
Lehrbuch der Allgemeinen Geologie
Bd. 2: Tektonik, von P Schmidt-Thomé
Stuttgart 1972, 579 S., Enke-Verlag

von Bülow, K.:
Geologie für Jedermann
Stuttgart 1964, 246 S., Franckh'sche Verlagshandlung

Leicht verständliche erste Einführung in geologisches Denken, Arbeiten und Wissen

Cloos, H.:
Gespräch mit der Erde. Welt und Lebensfahrt eines Geologen
Frankfurt/M. 1959, 328 S., Fischer Bücherei Bd. Nr. 289

Populärwissenschaftliche Darstellung vieler Reisen und Exkursionen des Verfassers, die begeistern kann. Fast ohne es zu bemerken, erhält der Anfänger dabei eine Einführung in wichtige Grundbegriffe der Geologie. Im Anhang befindet sich ein kleines Lexikon geologischer Fachausdrücke, ferner ein systematisches Inhaltsverzeichnis. Besondere Erwähnung verdienen die zahlreichen geologischen Raumbilder von Hans Cloos, die – in der Darstellungsweise unübertroffen – immer wieder in die neuesten Lehrbücher übernommen werden.

Die Entwicklungsgeschichte der Erde
Mit einem ABC der Geologie, 2 Bände
Hanau/M. 1971, 888 S. und 48 Tafeln,
Verlag Werner Dausien. Copyright VEB Edition Leipzig

Knappe, aber gut lesbare Darstellung der gesamten Geologie einschließlich der angewandten Geologie. Besonders wertvoll ist das 175 Seiten starke geologisch-paläontologische Wörterbuch in Bd. II. Das Werk ist u. a. wegen seines niedrigen Preises als geologisches Nachschlagewerk ebenso empfehlenswert wie das ebenfalls aus Leipzig stammende zweibändige Werk von E. Neef „Das Gesicht der Erde“ für den Bereich der Physischen Geographie.

Dorn, P.:
Geologie von Mitteleuropa
Stuttgart 1960, 488 S.,
E. Schweizerbartsche Verlagsbuchhandlung

Richter, M.:
Geologie
Das Geographische Seminar
Braunschweig 1974, 169 S., G. Westermann Verlag

Eine allgemeine Geologie mit Schwergewicht auf der Behandlung des Stoffkreislaufs auf der Erde und in der Erdkruste

Rid, H.:
Bekanntschaft mit der Landschaft. Geologie erlebt
rororo-Sachbuch, Hamburg 1972, 154 S.,
Rowohlt-Taschenbuch-Verlag

Lebendig geschriebene populärwissenschaftliche Darstellung der Geschichte der Geologie, der exogenen und endogenen Dynamik und der historischen Geologie. Das Buch ist als Anregung für eine erste Bekanntschaft mit geologischen Fragestellungen wertvoll, verzichtet jedoch häufig auf eine zufriedenstellende, exakte wissenschaftliche Behandlung der angesprochenen Themen.

Schmidt, K.:
Erdgeschichte
Sammlung Göschen Bd. 5001,
Berlin, New York 1972, 246 S., De Gruyter Verlag

Konzentrierte, klar gegliederte Abhandlung der historischen Geologie vorwiegend mit Beispielen aus Mitteleuropa.

Schmidt-Eisenlohr, W. F.:
Geologie
Das Geographische Seminar, Praktische Arbeitsweisen
Braunschweig 1966, 144 S., G. Westermann Verlag

Schwarzbach, M.:
Das Klima der Vorzeit
Eine Einführung in die Paläoklimatologie
Stuttgart 1974, 3. Aufl., 388 S., Enke Verlag

Der erste Teil „Allgemeine Paläoklimatologie" beschäftigt sich mit einer kritischen Darstellung der Forschungsmethoden und Fehlerquellen. Teil 2 „Historische Paläoklimatologie" rekonstruiert den Klimaablauf auf der Erde mit dem Wechsel zwischen Warmzeiten und Kaltzeiten, wobei wenigstens drei Eiszeitalter, nämlich im Eokambrium, Karbon-Perm und im Quartär als gesichert gelten. Teil 3 „Genetische Paläoklimatologie" untersucht kritisch die Klimahypothesen.

Schwegler, E.; Schneider, P.; Heißel, W.:
Geologie in Stichworten
Kiel 1972, 3. Aufl., 160 S., F. Hirt Verlag

Auf einen einführenden allgemeinen Teil folgt ein regionaler Teil mit der Darstellung der Geologie Deutschlands und der Alpen sowie einem Abriß der Erdgeschichte Europas und der übrigen Erdteile. Das anschaulich gestaltete Bändchen eignet sich vor allem zum Nachschlagen und Wiederholen.

Simpson, G.:
Leben der Vorzeit. Einführung in die Paläontologie
Stuttgart 1972, 197 S., Enke-Verlag

Wagner, G.:
Einführung in die Erd- und Landschaftsgeschichte mit besonderer Berücksichtigung Süddeutschlands
Öhringen 1960 (3. Aufl.), 694 S. und 208 Tafeln,
Verlag der Hohenlohe'schen Buchhandlung F. Rau

Ausgezeichnete, lebendige Einführung in die Geologie mit einer Fülle von anschaulichen Skizzen, Diagrammen und Photos. Wegen der starken Berücksichtigung der exogenen Dynamik leistet das Buch auch für den Studenten der Geomorphologie hervorragende Dienste. Das Buch behandelt im ersten Teil (S. 17–338) exogene und endogene Dynamik, im zweiten Teil (S. 339–676) den Ablauf der Erdgeschichte. Das Buch gehört nicht nur bei süddeutschen Geographen seit langem zum festen Bestand einer geographischen Privatbibliothek.

Frenzel, B.:
Die Klimaschwankungen des Eiszeitalters
Die Wissenschaft Bd. 129
Braunschweig 1967, 291 S., Verlag Friedrich Vieweg & Sohn
(siehe 2.5.4 – Frenzel, B.)

Georgi, K.-H.:
Kreislauf der Gesteine
Eine Einführung in die Geologie
rororo tele, Reinbek bei Hamburg 1972, 252 S.,
Rowohlt Taschenbuch Verlag

Derzeit preiswerteste Einführung in die Geologie, die sich wegen der Fülle reich mit Skizzen, Bildern und Diagrammen ausgestatteter Beispiele ungemein anregend liest. Die meisten Kapitel sind auch für den geomorphologisch Interessierten lesenswert.

German, R.:
Studienbuch Geologie
Klett Studienbücher, Stuttgart 1970, 162 S., Klett Verlag

Preiswerte Einführung in die allgemeine Geologie, die sich sehr gut zum Selbststudium oder als Begleitbuch für Unterseminare eignet. Infolge der starken Berücksichtigung der exogenen Dynamik bietet das Buch eine Fülle gut dargebotenen geomorphologischen Grundwissens. Zum Minimalwissen eines Geographen dürfte auch der Inhalt der kurz gefaßten Kapitel „Erdgeschichte Mitteleuropas" und „Angewandte Geologie" (Bodenschätze und Böden) gehören.

Gresswell, R. K.:
Geology for Geographers
London 1963, 202 S., Hulton Educational Publications Ltd.

Der erste Teil bringt auf etwa 80 Seiten allgemeine Geologie. Der zweite Teil behandelt in sehr anregender Weise die Erdgeschichte vornehmlich anhand von Beispielen aus dem Gebiet der Britischen Inseln.

Hallam, A.:
A revolution in the Earth Sciences. From continental drift to plate tectonics
Oxford 1973, 127 S., Clarendon Press

Trotz des etwas reißerischen Titels ein klarer historischer Bericht über die Entwicklung der neuen globaltektonischen Vorstellungen mit dem schematisierenden Versuch, auch die kontinentale Geologie in das postulierte, weiträumige Bewegungsbild einzuordnen.

Illies, H.:
Ein Grabenbruch im Herzen Europas
Erdgeschichte und Relief der Landschaft am Oberrhein
in: Geographische Rundschau 1967, H. 8, 281–291, Braunschweig

Über das regionale Beispiel des Rheingrabens hinaus bringt dieser meisterhafte Aufsatz wertvolle allgemeine Erkenntnisse zum Problem der Grabentektonik und der Kontinentalverschiebung.

Maack, R.:
Kontinentaldrift und Geologie des südatlantischen Ozeans
Berlin 1969, 164 S., de Gruyter Verlag

Verf. bringt derart viele Beispiele korrespondierender geologischer Verhältnisse zu beiden Seiten des Südatlantik, daß an einem ehemaligen Zusammenhang von Südamerika und Afrika kaum noch Zweifel bestehen.

Putnam, W. C.:
Geologie. Eine Einführung in ihre Grundlagen
Dt. Ausg. bearb. von F. W. Lotze, Berlin 1969, 560 S.,
W. de Gruyter u. Co.

Preiswerte Einführung in die allgemeine Geologie mit exzellenten Photos, Luftbildern, Karten und Schnitten. Zwischen die einprägsamen Beispiele vom nordamerikanischen Kontinent wurden von F. Lotze solche aus Mitteleuropa eingefügt.

Wegener, A.:
Die Entstehung der Kontinente und Ozeane
Die Wissenschaft Bd. 66
Braunschweig 1962 (4. Aufl., Nachdruck), 231 S.,
Friedr. Vieweg & Sohn

Die Lektüre des unveränderten Nachdruckes der 4. Auflage aus dem Jahre 1930 ist vor allem wissenschaftsgeschichtlich interessant. Wegeners Grundideen reichen als anregende Impulse bis in die heutige Forschung.

Wendt, H.:
Ehe die Sintflut kam. Forscher entdecken die Urwelt
Oldenburg 1965, 392 S., Stalling Verlag

Populäre Geschichte der Paläontologie

Wendt, H.:
Ich suchte Adam. Die Entdeckung des Menschen
Reinbek bei Hamburg 1965, rororo-Taschenbuch Nr. 707-708-709

Populäre Darstellung der Suche nach den Anfängen der Menschheit.

Woldstedt, P.:
Das Eiszeitalter – Grundlinien einer Geologie des Quartärs
3 Bände, Stuttgart 1958–1965, Enke Verlag

Bd. I Die allgemeinen Erscheinungen des Eiszeitalters, 3. Aufl. 1961, 374 S.
Umfassende Darstellung der Gesamterscheinungen und der Chronologie des Eiszeitalters mit mustergültigen Karten, Diagrammen und Abbildungen. Für den Geographen besonders interessant sind u. a. die Kapitel über den glazialen und perglazialen Formenschatz, eiszeitliche Geschichte von Fauna und Flora, Entwicklung der menschlichen Kulturen im Eiszeitalter sowie über glazial-isostatische Bewegungen der Erdkruste und glazial-eustatische Schwankungen des Meeresspiegels.
Die Bände II und III bringen ausgezeichnete Übersichten und Zusammenfassungen der regionalen Erscheinungen des Eiszeitalters.

Bd. II Europa, Vorderasien und Nordafrika im Eiszeitalter
1958 (2. Aufl.), 438 S.
Bd. III Afrika, Asien, Australien und Amerika im Eiszeitalter
1965, 328 S.

Alle Bände enthalten reichhaltige Literaturhinweise

Wunderlich, H. G.:
Bau der Erde. Geologie der Kontinente und Meere
Bd. I Afrika, Amerika und Europa
Mannheim 1973, 151 S., Bibliographisches Institut

Wunderlich, H. G.:
Einführung in die Geologie
I. Exogene Dynamik, 197 S.,
II. Endogene Dynamik, 223 S.
BI-Hochschultaschenbücher 340/340a (I) und 341/341a (II),
Mannheim 1968, Bibliographisches Institut

Preiswerte und leicht faßliche Darstellung der allgemeinen Geologie, deren Lektüre insbesondere wegen der Einbeziehung von Grundwissen aus den benachbarten Geowissenschaften für den Geographen lohnend ist.

Wunderlich, H. G.:
Wesen und Ursachen der Gebirgsbildung
BI-Hochschultaschenbücher 229/339a/339b,
Mannheim 1968, 367 S., Bibliographisches Institut

Nach einer kurzen Behandlung der bisherigen Gebirgsbildungshypothesen versucht Verf. auf anregende Weise u. a. mit Hilfe eigener Ergebnisse, den komplexen Fragen der Gebirgsbildung näherzukommen. Als erste Einführung für den Studierenden ist das Buch jedoch wegen teilweise unklarer Begriffsbestimmungen ungeeignet.

2.5.1.3 Mineralogie, Petrographie

Bauer, J.; Tvrz, J.:
Mineralien. Gesteine. Edelsteine. (Der Kosmos-Mineralienführer)
Stuttgart, ca. 210 S., Franckh'sche Verlagshandlung

Ein Bestimmungsbuch mit 576 Farbphotos

Börner, R.:
Welcher Stein ist das? Kosmos Naturführer
Tabellen zum Bestimmen der wichtigsten Mineralien, Edelsteine und Gesteine
Stuttgart 1961, 176 S., Franckh'sche Verlagshandlung
Praktisches Bestimmungsbuch für die Arbeit im Gelände, das auch eine kurze Systematik der Gesteine enthält.

Bruhns, W.; Ramdohr, P.:
Petrographie (Gesteinskunde)
Sammlung Göschen Bd. 173
Berlin 1960, 141 S., de Gruyter Verlag

Herder Lexikon Geologie und Mineralogie
Freiburg, Basel, Wien 1972, 236 S., Herder Verlag

Lieber, W.:
Mineralogie in Stichworten
Kiel 1969, 244 S., F. Hirt Verlag

Nickel, E.:
Grundwissen in Mineralogie. Teil I: Grundkursus
Ein Lehr- und Lernbuch auf elementarer Basis für Kristall-, Mineral- und Gesteinskunde.
Thun und München 1971, Ott-Verlag

Pape, H.:
Leitfaden zur Gesteinsbestimmung
Mit Tabelle zur Bestimmung der wichtigsten Gesteine nach einem Schlüssel mit mehrfachen Verzweigungen
Stuttgart 1975 (3. Aufl.), 160 S., Enke Verlag

Schumann, W.:
Steine und Mineralien. BLV-Bestimmungsbuch
Mineralien, Edelsteine, Gesteine, Erze
München 1972, 228 S., BLV-Verlag

2.5.1.4 Geophysik

Bartels, J., und Angenheister, J. (Hrsg.):
Geophysik
Neubearbeitung, Frankfurt/M. 1969
Das Fischer Lexikon FL 20, 374 S., Fischer-Bücherei Frankfurt/M.

Ebenso wie das Fischer-Lexikon Geographie sollte dieses preiswerte Buch zu jeder geographischen Privatbibliothek gehören. Insbesondere für die Gebiete Geodäsie, Geologie, Meteorologie, Hydrologie, Geomorphologie und Ozeanographie finden sich hier wertvolle Zusatzinformationen. Eine nach Sachgebieten aufgegliederte Bibliographie bildet eine wertvolle Ergänzung.

Schwarz, R.:
Zur anschaulichen Erklärung der Coriolisbeschleunigung
in: Geographische Rundschau, Braunschweig 1973, H. 1, S. 30–33

Das Verständnis der Coriolisbeschleunigung, die beim Studium der Klimatologie und der Ozeanographie nicht umgangen werden kann, bereitet erfahrungsgemäß Nichtmathematikern erhebliche Schwierigkeiten. Die Ausführungen des Verf. sind dazu geeignet, diesen spröden Stoff etwas verständlicher zu machen.

2.5.2 Geoökologie, geographische Umweltforschung

(siehe auch 2.6.2: Physische Anthropogeographie,
2.5.6.1: Vegetationsgeographie,
2.7: Angewandte Geographie)

Barthel, H.:
Braunkohlenbergbau und Landschaftsdynamik
Ein Beitrag zum Problem der Beeinflussung der Kulturlandschaft in den Braunkohlenrevieren, dargestellt am Beispiel des Zeitz-Weißenfelder Reviers
Gotha 1962, 300 S., VEB Hermann Haack

Arbeit aus der Schule von E. Neef. Verf. unternimmt den Versuch, das durch den Braunkohlenbergbau gestörte Geofaktorengefüge darzustellen und die geoökologischen Zusammenhänge der neu entstehenden Landschaft zu analysieren. Besonders interessant sind die Ausführungen über Spätwirkungen und späte Fernwirkungen menschlicher Eingriffe.

Bauer, H. J.:

Landschaftsökologische Untersuchungen im ausgekohlten rheinischen Braunkohlenrevier auf der Ville.

Arbeiten zur Rheinischen Landeskunde, H. 19,
Bonn 1963, 101 S., Ferdinand Dümmlers-Verlag

C. Troll schrieb zu dieser von ihm betreuten Dissertation ein achtseitiges Vorwort „Über Landschafts-Sukzession" mit Ausführungen über den Begriff der Landschaftsökologie, das Ökosystem und die Biozönosen. Die Arbeit von H. J. Bauer untersucht zunächst den Landschaftshaushalt vor Beginn des Kohleabbaus, sodann die Veränderungen der durch den Braunkohleabbau neu entstandenen Landschaft und die Möglichkeiten für die land- und forstwirtschafliche Rekultivierung.

Baumann, H., Schendel, U., Mann, G.:

Wasserwirtschaft in Stichworten.

Wasserhaushalt und seine Regelung.
Hirt's Stichwörterbücher
Kiel 1974, 204 S., Verlag Ferdinand Hirt

(siehe 2.5.5 – Baumann, H.)

Bormann, H. F., und Likens, G. E.:

The Nutrient Cycles of an Ecosystem

in: Scientific American, Vol 223, Nr. 4., S. 92–101,
New York, Oct. 1970, W. H. Freeman and Company

Bericht über eines der wenigen geoökologischen Experimente mit einer nahezu vollständigen quantitativen Erfassung des Massen- und Wasserhaushaltes. Ein etwa 7.1 ha großes Einzugsgebiet in einem forstlichen Versuchsgelände wurde kahlgeschlagen und von jeglicher Vegetation freigehalten. Die eintretenden Veränderungen in der Energie- und Stoffbilanz des Ökosystems wurden gemessen und mit entsprechenden Werten aus der Zeit vor dem Kahlschlag sowie mit Werten aus benachbarten Versuchsgebieten verglichen. Veränderungen ergaben sich vor allem im Wasserhaushalt und im Zusammenhang damit im Geröll- und Schwebstofftransport, der auf das 9fache des Normalen anstieg. In gleicher Weise zeigte sich eine rapide Schädigung der Nährstoffbilanz. Der Abtransport einzelner Nährsalze vervielfältigte sich gegenüber den normalen Werten um das 21fache.

Buchwaldt, K., und Engelhardt, W. (Hrsg.):
Handbuch für Landschaftspflege und Naturschutz
Schutz, Pflege und Entwicklung unserer Wirtschafts- und Erholungslandschaften auf ökologischer Grundlage
4 Bde., München, Basel, Wien 1968–1969
Bayerischer Landwirtschaftsverlag
(siehe 2.7 – Buchwaldt, K.)

di Castri, F., and Mooney, H. A. (Eds.):
Mediterranean Type Ecosystems. Origin and Structure
Berlin, Heidelberg, New York 1973, 405 S., Springer Verlag
Ecological Studies. Analysis and Synthesis 7

Mediterrane Ökosysteme aus fünf verschiedenen Erdräumen mit Schwerpunkt auf der neuen Welt werden einander gegenübergestellt. Im historischen Überblick über die Entwicklung des Begriffs der Konvergenz in verschiedenen Ökosystemen wird bedauerlicherweise der Name Carl Troll nicht einmal erwähnt. Behandelt werden ferner: Klima, Geomorphologie, Vegetation und Fauna sowie der menschliche Einfluß auf mediterrane Ökosysteme.

Domrös, M.:
Luftverunreinigung und Stadtklima im Rheinisch-Westfälischen Industriegebiet und ihre Auswirkung auf den Flechtenbewuchs der Bäume
Arbeiten zur Rheinischen Landeskunde, H. 23, Bonn 1966, 132 S.
Ferdinand Dümmlers Verlag
(siehe 2.5.4 – Domrös, M.)

Ehrlich, P. R., and Ehrlich, A. H.:
Population-Resources-Environment. Issues in Human Ecology
2nd ed. 1972 San Francisco, 509 S., W. H. Freeman & Co.
(siehe 2.6.2 – Ehrlich)

Ellenberg, H. (Ed.):
Integrated Experimental Ecology
Methods and Results of Ecosystem Research in the German Solling Projekt. Ecological Studies 2, Berlin, Heidelberg, New York, 1971, 214 S., Springer Verlag

Die in Zusammenarbeit von Botanikern, Zoologen, Mikrobiologen, Bodenkundlern, Hydrologen, Klimatologen und Forstwissenschaftlern erfolgte

Erfassung der Funktionsweise verschiedener Ökosysteme des Sollings kann als Musterbeispiel für exakte Untersuchung von Ökosystemen angesprochen werden.

Energy and Power
A Scientific American Book
San Francisco 1971, 144 S., W. H. Freeman and Company

Sammlung von 11 Aufsätzen amerikanischer Naturwissenschaftler – unter ihnen drei Geographen –, die den Energieverbrauch menschlicher Gesellschaften, angefangen bei Jägern und Sammlern bis hin zur hochindustrialisierten Gesellschaft analysiert. Zentrale Behandlung erfährt die bei exponentiell wachsendem Energieverbrauch und schwindenden fossilen Brennstoffen immer kritischer werdende Energieversorgung der Zukunft.

Engelhardt, W.:
Umweltschutz,
Gefährdung und Schutz der natürlichen Umwelt des Menschen
Bayerischer Schulbuch-Verlag München, 1973, 192 S.

Fächerübergreifendes Arbeitsbuch für die Sekundarstufe II, das jedoch auch infolge der reichhaltig und eingehend erörterten Beispiele als Quellensammlung für den Lehrer Bedeutung hat. Außer den biologischen, geoökologischen und technischen Problemen behandelt das Buch auch rechtliche und rechtspolitische, wirtschaftliche und wirtschaftspolitische Fragen des Umweltschutzes. Eine nach Sachgebieten aufgegliederte Literaturübersicht der neuesten Erscheinungen auf diesem Gebiet sowie ein Verzeichnis der Anschriften wichtiger Behörden und privater Organisationen des Umweltschutzes in Deutschland geben die Möglichkeit zu eigener vertiefter Einarbeitung in Spezialprobleme

Ganssen, R.:
Trockengebiete.
Böden, Bodennutzung, Bodenkultivierung, Bodengefährdung
BI-Hochschultaschenbücher, Bd. 354/354a,
Mannheim/Zürich 1968, 186 S., Bibliographisches Institut

(siehe 2.5.1.1 – Ganssen, R.)

Geo-Ecology of the Mountainous Regions of the Tropical Americas
Proceedings of the UNESCO Mexico Symposium August 1–3, 1966 organized under the sponsorship of the UNESCO Natural

Resources Research Division in connection with the Latin American Regional Conference (LARC) of the International Geographical Union by Carl Troll.
Colloquium Geographicum, Bd. 9, Bonn 1968, 223 S.,
Ferdinand Dümmlers Verlag

Englisch- und spanischsprachige Beiträge zur Geoökologie der Gebirgsregionen des tropischen Amerika.

Glässer, E.:
Stand und Probleme der Vegetationsgeographie
in: Geographische Rundschau, Jg. 23, S. 81–94,
Braunschweig 1971

(siehe 2.5.6.1 – Glässer, E.)

Golley, F. B., and Medina, E.:
Tropical Ecological Systems
Trends in Terrestrial and Aquatic Research, XV
Berlin 1975, 398 S., Springer Verlag

Gossmann, H.:
Umweltgefahren durch Kernkraftwerke
Problematik der Abwärme großer Kraftwerke und ihres Einflusses auf die Atmosphäre am Beispiel des geplanten Kernkraftwerkes Breisach bzw. Wyhl
in: Geographische Rundschau, Jg. 26, H. 3, S. 81–92,
Braunschweig 1974, Westermann Verlag

Haase, G.:
Zur Methodik großmaßstäbiger landschaftsökologischer und naturräumlicher Erkundung
in: Wissenschaftliche Abhandlungen der Geogr. Gesellschaft der DDR., Bd. 5, S. 35–128, Leipzig 1967

Haase, J., und Haase, G.:
Die Mensch-Umwelt-Problematik
Gedanken zum Ausgangspunkt und zum Beitrag der geographischen Forschung
in: Geographische Berichte, 16. Jg., Berlin 1971, S. 243–270

Detaillierte Erörterung der Wechselwirkung zwischen Mensch bzw. Gesellschaft und Umwelt sowie des Beitrages, den geographische Forschung im Zusammenhang mit Umweltschutz und Umweltplanung leisten kann.

Haffner, W.:
Die Vegetationskarte als Ansatzpunkt zu landschaftsökologischen Untersuchungen
in: Erdkunde Bd. 22, Bonn 1968, S. 215–225

Hagel, J.:
Geographische Aspekte der Umweltgestaltung
in: Geographische Rundschau, Braunschweig 1972, H. 1, S. 20–29

An instruktiven Beispielen zeigt Verf., wie schon seit Jahrtausenden der Mensch durch seine Lebensäußerungen in das Gefüge der in der Natur wirkenden Kräfte eingegriffen hat. Das hervorragend skizzierte Wirkungsgeflecht des Sadd-el-Ali-Staudammes ist ein anschauliches Beispiel für geoökologische Fernwirkungen. Gute Anregungen bietet auch die Behandlung der Umweltprobleme von Verdichtungsräumen.

Hasler, A. D.:
Coupling of Land and Water Systems
„Ecological Studies" – Analysis and Synthesis Vol. 10
Berlin 1975, 309 S., Springer Verlag

Behandlung der Interaktionen der Ökosysteme in Flüssen bzw. Seen und in deren Einzugsgebiet.

Inadvertent Climate Modification
Report of the Study of Man's Impact on Climate (SMIC)
Cambridge, Mass., London 1971, 308 S., The MIT-Press

(siehe 2.5.4 – Inadvertent Climate Modification)

Jost, W.:
Globale Umweltprobleme
Vorlesungen für Hörer aller Falkultäten
Uni Taschenbücher 338
Darmstadt 1974, 125 S., Steinkopff Verlag

Das Büchlein behandelt vor allem Rohstoff-, Emissions- und Energieprobleme, die durch Verbrennungsprozesse entstanden sind. Daneben werden wirtschaftspolitische Maßnahmen zur Behebung der Umweltprobleme erörtert. Verf. ist Physikochemiker, seine Ausführungen bieten u. a. interessante geoökologische Aspekte.

Karl, J., und Danz, W.:
Der Einfluß des Menschen auf die Erosion im Bergland
Berichte zur deutschen Landeskunde Bd. 43,
Bonn-Bad Godesberg 1969, S. 233–238

Der Aufsatz zeigt nicht nur die naturwissenschaftlichen Faktoren im Ablauf des Erosionsgeschehens auf, sondern er widmet sich auch sozial- und wirtschaftswissenschaftlichen Fragestellungen zur Erfassung und Erklärung des menschlichen Einflusses auf das Erosionsgeschehen.

Keller, R.:
Gewässer und Wasserhaushalt des Festlandes
Eine Einführung in die Hydrogeographie
Berlin, Leipzig 1961, Moskau 1965
Haude & Spenersche Verlagsbuchhandlung, Berlin
VEB Edition Leipzig

(siehe 2.5.5 – Keller, R.: Gewässer . . .)

Keller, R. (Hrsg.):
Run-off Regimen and Water Balance II,
Flußregime und Wasserhaushalt II
2. Bericht der IGU-Commission on the International Hydrological Decade.
Freiburger Geographische Hefte, H. 12, Freiburg 1972

(siehe I, 2.5.5 – Keller, R.: Run-off . . .)

Klink, H.-J.:
Geoökologie und naturräumliche Gliederung – Grundlagen der Umweltforschung
in: Geographische Rundschau 1972, Braunschweig, H. 1., S. 7–19

Verf. legt die Bedeutung geoökologischer Forschung und naturräumlicher Gliederung für die Belange der Umweltsicherung, die Behandlung von Belastungsfragen des Landschaftshaushaltes, für landespflegerische Maßnahmen, praktische Umweltgestaltung, Raumordnung u. a. dar.

Krause, W.:
Eine Grünland-Vegetationskarte der südbadischen Rheinebene
Untersuchungen über den Wasserhaushalt der Ebene und seine Empfindlichkeit gegen Eingriffe
Arbeiten zur Rheinischen Landeskunde, H. 20, Bonn 1965, 80 S.
Ferdinand Dümmlers Verlag

Kreeb, K.:
Ökologische Grundlagen der Bewässerungskulturen in den Subtropen
Stuttgart 1964, 139 S., Gustav Fischer Verlag

Man and the Ecosphere,
with commentaries by Ehrlich, P. R.; Holdren, J. P.; Holm, R. W.
Readings from Scientific American
San Francisco 1971, 307 S., W. H. Freeman and Company

Sammlung von 27 Aufsätzen der Jahre 1956–1971 aus der Zeitschrift Scientific American. Die fast sämtlich für den Geographen sehr ergiebigen Abhandlungen erörtern verschiedene Aspekte menschlicher Einflußnahme auf den mit Leben erfüllten Teil der Erde und die fundamentalen Veränderungen, die erforderlich sind, um die weitere Beeinträchtigung der Ökosphäre zu mindern. Aus der Zusammenstellung der Aufsätze und den einleitenden Kommentaren wird deutlich, daß selbst die beste Technologie, die zur Vermeidung weiterer Umweltschäden entwickelt wird, nur als Mittel zum Zeitgewinn betrachtet werden darf, um die eigentlichen ökonomischen, soziologischen und biologischen Grundprobleme der Umweltkrise lösen zu können.

Manshard, W., und Fischnich, E. (Hrsg.):
Geoforum 1972, Heft 10, „Man and Environment" 108 S.,
Braunschweig

Das Heft 1972/10 von Geoforum widmet sich dem Thema „Man and Environment". Es erschien anläßlich der Umweltkonferenz der Vereinten Nationen (Stockholm 5.–16. Juni 1971). Die Beiträge behandeln die Beziehung Mensch – Umwelt, wobei unter Umwelt ebenso die physischen und biologischen Grundlagen wie auch die sozialen Prozesse des uns umgebenden Raumes verstanden werden.

Martens, R.:
Probleme einer Messung der geographischen Landschaft
in: Geographische Zeitschrift, 58. Jahrgang,
Wiesbaden 1970, S. 138–145
(siehe 2.3 – Martens, R.)

Martens, R.:
Quantitative Untersuchungen zur Gestalt, zum Gefüge und Haushalt der Naturlandschaft (Imoleser Subapennin)
Unterlagen und Beiträge zur allgemeinen Theorie der Landschaft
Hamburger Geographische Studien, H. 21, Hamburg 1968, 251 S.

Basierend auf der Messung von Zustandsgrößen im Bereich von Witterung, Klima, Gewässer, Böden, Abtragung und Geländeformen werden durch korrelationsstatistische Verknüpfung der Meßwerte exakte Aussagen über das Wirkungsgefüge einiger Faktoren und Komplexe der Naturlandschaft möglich. Mit diesen Bemühungen um die Aufstellung eines Strukturplanes der Naturlandschaft gewinnt die Arbeit für die Geoökologie allgemein-methodische Bedeutung.

McGinnies, W. G.; Goldman, B. J.; Paylore, P. (Hrsg.):
Deserts of the World
An Appraisal of Research into their Physical and Biological Environments
Tucson, Arizona 1968, 788 S., The University of Arizona Press

Das Buch ermöglicht Übersichten über die Natur der Wüstenräume, insbesondere über Vegetation, Fauna, Hydrologie, Geomorphologie und Oberflächenabfluß.

Moewes, W.:
Integrierende geographische Betrachtungsweise und angewandte Geographie
in: Geoforum, Journal of Physical, Human and Regional Geosciences, H. 7/71,
Braunschweig 1971, S. 55–68

(siehe 2.7 – Moewes, W.)

Moll, W. L. H.:
Taschenbuch für Umweltschutz I:
Chemische und technologische Informationen
Uni-Taschenbücher 197
Darmstadt 1973, 237 S., Steinkopff Verlag

Nützliche Zusammenstellung von Daten und Meßergebnissen sowie gesetzlichen Bestimmungen zu den Gebieten: Luft- und Wasserreinhaltung, Umweltprobleme der Energie- und Verkehrswirtschaft, der Chemie- und Kunststoffindustrie sowie der Müll- und Abfallbeseitigung.

Neef, E.:
Der Bodenwasserhaushalt als ökologischer Faktor
Berichte zur deutschen Landeskunde, Bd. 25,
Bonn-Bad Godesberg 1960, S. 272–282

Neef, E.:

Der Physiotop als Zentralbegriff der Komplexen Physischen Geographie

in: Petermanns Geographische Mitteilungen,
Gotha 112. Jg. 1968, S. 15–23

Neef, E.:

Der Stoffwechsel zwischen Gesellschaft und Natur als geographisches Problem

in: Geographische Rundschau, 21. Jg., Braunschweig 1969,
H. 12, S. 453–459

Die genaue Untersuchung des Stoffaustausches zwischen Gesellschaft und Natur wird im Zeitalter zunehmender Umweltbelastung zu einer immer größeren Notwendigkeit. Neef skizziert Möglichkeiten und Aufgaben der Geographie in diesem Zusammenhang.

Neef, E.:

Zu einigen Fragen der vergleichenden Landschaftsökologie

in: Geographische Zeitschrift, Jg. 58,
Wiesbaden 1970, S. 161–174

Neef, E.; Schmidt, G., und Lauckner, M.:

Landschaftsökologische Untersuchungen an verschiedenen Physiotopen in Nordwestsachsen

Abhandlungen der Sächsischen Akademie der Wissenschaften zu Leipzig, 1961,
Mathematisch-Naturwissenschaftliche Klasse 47,1. S. 7–113

Methodisch sehr anregende Arbeit, die über die mehrjährige qualitative und quantitative Überwachung und Erforschung verschiedener Physiotope berichtet. Das Hauptaugenmerk der Untersuchung gilt dem Wasserhaushalt, der hier die Rolle eines Schlüssels für die Erforschung des komplexen Wirkungsgefüges spielt.

Paffen, K. H.:

Stellung und Bedeutung der physischen Anthropogeographie

Darmstadt 1969, 54 S., Wissenschaftliche Buchgesellschaft

(siehe 2.6.2 – Paffen, K. H.)

Probleme der landschaftsökologischen Erkundung und naturräumlichen Gliederung
Vorträge und Diskussion des Symposiums über Fragen der naturräumlichen Gliederung vom 27. Sept. bis 2. Okt. 1965 in Leipzig. Veranstaltet von der Sektion Geographie der Deutschen Akademie der Wissenschaften zu Berlin, bearbeitet von Ernst Neef.
Wissenschaftliche Abhandlung der Geograph. Gesellsch. der DDR, Bd. 5, Leipzig 1967, 299 S.
Geograph. Gesellschaft der DDR

Aufsatzsammlung mit guter Übersicht über den damaligen Stand der geoökologischen Forschung in Deutschland und verschiedenen osteuropäischen Ländern. Den Schwerpunkt der Sammlung bildet der Beitrag von G. Haase „Methodik großmaßstäbiger landschaftsökologischer und naturräumlicher Erkundung“ (93 S.), in dem Forschungsmethoden bei der Untersuchung aller Teilbereiche der Naturlandschaft, z. B. Wasserhaushalt, Klima, Boden, Oberflächenformen und biotische Komponenten aufgewiesen und kritisch durchleuchtet werden.

Reichle, D. E. (Ed.):
Analysis of Temperate Forest Ecosystems
Ecological Studies 1
Berlin, Heidelberg, New York 1970, 304 S., Springer Verlag

Richter, G.:
Schutz vor Bodenerosion – ein wichtiger Bestandteil des Umweltschutzes
in: Geographische Rundschau 1973, H. 10, S. 377–386, Braunschweig

The Biosphere
A Scientific American Book
San Francisco 1970, 134 S., W. H. Freeman and Company

Sammlung von 11 Aufsätzen führender amerikanischer Geowissenschaftler, Biologen und Physiker über verschiedene Stoffkreisläufe und den Energiekreislauf in der Biosphäre. Besondere Beachtung wird dabei jeweils der Bedeutung menschlicher Energie- und Stoffproduktion innerhalb der Kreisläufe gewidmet.

Thomas, W. L.:
Man's Role in Changing the Face of the Earth
London 1970, 1193 S., The University of Chicago Press

Troll, C. (Hrsg.):

Geoecology of the High-Mountain Regions of Eurasia

Landschaftsökologie der Hochgebirge Eurasiens. Proceedings of the International Geographical Union Commission on the High-Altitude Geoecology, November 20–22, 1969 at Mainz, Verhandlungen des Symposiums der International Geographical Union Commission on High-Altitude Geoecology, 20.–22. November in Mainz. Erdwissenschaftliche Forschung 4.
Wiesbaden 1972, 299 S., Franz Steiner Verlag

Troll C.:

Ökologische Landschaftsforschung und vergleichende Hochgebirgsforschung

Erdkundliches Wissen H. 11. Wiesbaden 1966, 366 S.
Franz Steiner Verlag

Zusammenstellung von dreizehn Arbeiten Carl Troll's aus den Jahren 1941–1963; u. a.: Landschaftsökologie als geographisch-synoptische Naturbetrachtung (1963), Die geographische Landschaft und ihre Erforschung (1950), Der jahreszeitliche Ablauf des Naturgeschehens in den verschiedenen Klimagürteln der Erde (1955), Der asymmetrische Aufbau der Vegetationszonen und Vegetationsstufen auf der Nord- und Südhalbkugel (1948), Das Pflanzenkleid der Tropen in seiner Abhängigkeit von Klima, Boden und Mensch (1951), Klima und Pflanzenkleid der Erde in dreidimensionaler Sicht (1961), Das Wasser als pflanzengeographischer Faktor (1956), Die dreidimensionale Landschaftsgliederung der Erde (1962).

Walter, H.:

Biosphäre, Produktion der Pflanzendecke und Stoffkreislauf in ökologisch-geographischer Sicht

in: Geographische Zeitschrift 59, 1971, S. 116–130

Verf. untersucht die primäre Produktion der grünen Pflanzen sowie den biologischen Stoffkreislauf in verschiedenen Klimazonen. Sehr aufschlußreich sind die Tabellen der Phytomasse in den einzelnen Vegetationszonen. Anschließend wird der Stoffkreislauf in natürlichen Biogeozönosen dem durch den Menschen und die Ökosysteme der Kulturlandschaft veränderten Stoffkreislauf gegenübergestellt.

Walter, H.:

Vegetationszonen und Klima

– kurze Darstellung in kausaler und kontinentaler Sicht
Stuttgart 1970, 244 S., UTB 14 Ulmer Verlag

(siehe 2.5.6.1 – Walter, H.)

2.5.3 Geomorphologie

Blume, H.:
Probleme der Schichtstufenlandschaft
Darmstadt, 1971, 117 S., Verlag: Wissenschaftliche Buchgesellschaft

Das Bändchen gibt die verschiedenen Theorien des Schichtstufenreliefs wieder. Im einzelnen werden behandelt: Der Begriff der Schichtstufenlandschaft, die Schichtstufenlandschaft in der Davis'schen Zyklenlehre, die klimatische Abhängigkeit der Schichtstufenlandschaft, Schichtstufen und Schichtkämme, Schichtstufenrelief und Reliefgenerationen, die südwestdeutsche Schichtstufenlandschaft.

Bögli, A.:
Beitrag zur Entstehung von Karsthöhlen
in: Die Höhle, Zeitschrift für Karst- und Höhlenkunde
Wien 1963, 14. Jg., H. 3, S. 63–68

Karsthöhlen sind primär durch Korrosion entstanden. Eine besondere Rolle spielt für die Kalklösung im Wasser die zugehörige Kohlensäure, die mit gelöstem Kalk nicht linear, sondern progressiv zunimmt. Bei Mischung von zwei Karstwässern entsteht i. a. ein Überschuß an CO_2, der u. a. für eine weitere Kalklösung zur Verfügung steht. A. Bögli erläutert diesen durch ihn in die Karstmorphologie eingebrachten Gedanken der Mischungskorrosion sehr anschaulich und beschreibt sodann die Leitformen der Mischungskorrosion.

Bögli, A.; Franke, H. W.:
Leuchtende Finsternis. Die Wunderwelt der Höhlen
Bern 1965, 90 S., Verlag Kümmerly & Frey

Trotz der für einen breiteren Leserkreis gehaltenen, vorzüglich bebilderten Aufmachung bietet dieses Buch wertvolles Material zur Karstmorphologie. U. a. wird auf die besondere Bedeutung der Mischungskorrosion für die Erweiterung unterirdischer Abflußwege eingegangen.

Büdel, J.:
Das natürliche System der Geomorphologie mit kritischen Gängen zum Formenschatz der Tropen
Würzburger geographische Arbeiten, H. 34, 152 S., Würzburg 1971

Ausführlichste Darstellung der Büdel'schen Konzeption. Büdels natürliches System umfaßt die Teilbereiche: Reliefanalyse, dynamische Geomorphologie, klimatische Geomorphologie, klimagenetische Geomorphologie und synaktive Geomorphologie (letztere untersucht die Zusammenhänge zwischen dem überkommenen Gesamtrelief und den rezenten Vorgängen).

Chorley, R. J. (Hrsg.):
Water, Earth, and Man.
A Synthesis of Hydrology, Geomorphology, and Socio-Economic Geography
London 1969, 588 S., Verlag Methuen & Co
(siehe 2.5.5 – Chorley, R. J.)

Derruau, M.:
Précis de Géomorphologie. 6. Aufl.
Paris 1974, 453 S., Masson et Cie.

Georgi, K.-H.:
Kreislauf der Gesteine
Eine Einführung in die Geologie
rororo tele, Reinbeck bei Hamburg 1972, 252 S.,
Rowohlt Taschenbuch Verlag
(siehe 2.5.1.2 – Georgi, K.-H.)

German, R.:
Studienbuch Geologie
Klett Studienbücher, Stuttgart 1970, 162 S., Klett Verlag
(siehe 2.5.1.2 – German, R.)

Gossmann, H.:
Theorien zur Hangentwicklung in verschiedenen Klimazonen
Mathematische Hangmodelle und ihre Beziehung zu Abtragungsvorgängen.
Würzburger Geographische Arbeiten, Mitteilungen der Geographischen Gesellschaft Würzburg, Würzburg 1970, 146 S.
Selbstverlag d. Geographischen Institute der Universität Würzburg.
Die von J. Büdel (Vorwort von J. Büdel: Das geomorphologische Problem der Hangentwicklung) angeregte Arbeit entwickelt mehrere mathematische Modellreihen zur Hangentwicklung in verschiedenen Klimaten. Die theoretisch errechneten Hangkurven werden sodann mit den Naturbeobachtungen anderer Autoren verglichen, was in vielen Punkten ein hohes Maß an Übereinstimmung ergibt. Darüber hinaus werden durch die Modellreihen des Verfassers neue Einsichten in den Ablauf der in der Gegenwart stattfindenden Hangentwicklung, insbesondere in den Polargebieten ermöglicht.

Hofmann, W. und H. Louis (Hrsg.):
Landformen im Kartenbild
Topographisch-geomorphologische Kartenproben 1 : 25 000
Herausgegeben im Auftrag des Arbeitskreises „Topographisch-geomorphologische Kartenproben 1 : 25 000“, Braunschweig 1969 ff., G. Westermann Verlag

An Kartenproben typischer mitteleuropäischer Landformen, z. B. Altmoränenlandschaft, Schiefergebirgsrumpf mit Bundtsandsteinrand und Talmäandern, erfolgt eine Diskussion von Aufnahmemethoden, kartographischer Auswertung und Gestaltung von Karten im Maßstab 1 : 25 000. Die ergänzenden Ausführungen über die Geographie der jeweiligen Kartenprobe sind von unterschiedlicher Qualität.
(siehe auch 2.4 – Hofmann, W. und H. Louis)

Hormann, K.:
Morphometrie der Erdoberfläche
Schriften des Geographischen Instituts der Universität Kiel, Bd. 36, Kiel 1971, 178 S.

Hormann, K.:
Rechenprogramme zur morphometrischen Kartenauswertung
Schriften des Geographischen Instituts der Universität Kiel, Bd. XXIX, H. 2, Kiel 1968, 154 S.

Die Geomorphometrie eines Geländes geht als Geofaktor in viele geographische Prozesse ein, meist jedoch ohne daß sie hinreichend quantitativ erfaßt worden wäre. Dies liegt in der Regel an der überaus aufwendigen, geistig jedoch unbefriedigenden Kartenauswertung und der anschließenden Rechenarbeit. Zumindest der zweite Teil dieser Sisyphusarbeiten kann mittels der im Wortlaut wiedergegebenen Programme (Programmiersprache ALGOL) erheblich reduziert werden. Maschinell wohl nie zu bewältigen ist die Kartenauswertung, die aus der geomorphologisch sinnvollen, sorgfältigen Auswahl und Digitalisierung der Geländepunkte besteht.

Köster, E. und Leser, H.:
Geomorphologie I
Bodenkundliche Methoden, Morphometrie, Granulometrie
Das Geographische Seminar, Praktische Arbeitsweisen
Braunschweig 1967, 131 S., G. Westermann Verlag

Das Heftchen beschreibt die wichtigsten Arbeitsverfahren so ausführlich, daß sie vom Studenten in Praktikum oder Übung gut und ohne großen Apparateaufwand nachvollzogen werden können. Der erste Teil beschreibt bodenkundliche Verfahren (Bestimmung von Bodenfarbe, Bodenwassergehalt, Porenvolumen, Gehalt an organischer Substanz, Kalkgehalt, pH-Wert, Austauschkapazität). Teil 2 widmet sich morphometrischen und granulometrischen Analysen (Bestimmung von Formeigenschaften und Einregelung von Geröllen und Mineralien, Schichtungsbestimmung, Bestimmung der Mineral- und Gesteinssortierung und der Korngrößenverteilung).

Lehmann, H. (Hrsg.):
Internationale Beiträge zur Karstmorphologie
= Zeitschrift für Geomorphologie, Supplementband 2
Berlin-Nikolassee 1960, 107 S., Gebrüder Borntraeger

In 10 Beiträgen werden behandelt: Neue Forschungen aus tropischen Karstgebieten, Kalklösung und Karrenbildung, Kalkkorrosionsgeschwindigkeit in verschiedenen Klimaten, Poljenbildung, arktischer Karst, Karsthydrologie. Der Band reicht bezüglich seines Nutzungswertes an ein Handbuch der Karstmorphologie heran.

Louis, H.:
Allgemeine Geomorphologie
Lehrbuch der Allgemeinen Geographie,
herausgegeben von E. Obst und J. Schmithüsen
3. Aufl., Berlin 1968, 522 S., De Gruyter Verlag

Ohne Zweifel das derzeit bedeutendste deutschsprachige Lehrbuch der Geomorphologie. Als Studieneinführung in das Werk jedoch wegen seines hohen Abstraktionsgrades und der teilweise fehlenden Behandlung unentbehrlichen Basiswissens nur bedingt zu empfehlen.

Machatschek, F.:
Geomorphologie
Stuttgart 1974 (10. Aufl.), bearb. von H. Graul und C. Rathjens, 256 S., B. G. Teubner Verlagsgesellschaft

Machatschek, F.:
Das Relief der Erde
Versuch einer regionalen Morphologie der Erdoberfläche
Bd. I 531 S., Bd. II 594 S.
Berlin-Nikolassee 1955, Verlag Gebrüder Borntraeger

Maull, O.:
Handbuch der Geomorphologie
Wien 1958, 600 S., Verlag Franz Deuticke

Das Handbuch hat heute vor allem wissenschaftsgeschichtlichen Wert.

Metz, B. und Nolzen, H.:
Neue Ergebnisse aus dem Vorfeld des Grünauferners
(Stubaier Alpen/Tirol)
Ein Beitrag zur Datierung postglazialer Gletscherhochstände
in: Zeitschrift für Geomorphologie.
N. F., Suppl. Bd. 16, S. 73–89, Berlin, Stuttgart, Juli 1973

Minshull, R. M.:
Landforms from the Air
London 1969, 89 S.

Luftbildsammlung mit insgesamt 30 Bildern verschiedener Formentypen (u. a. Glazialformen, Küstengestaltung, Karst, Flußmorphologie, Vulkanismus) von hohem Demonstrationswert. Ein ausführlicher Fragenkatalog leitet zum Betrachten und Auswerten an.

Neue Ergebnisse der Karstforschung in den Tropen und im Mittelmeerraum
Vorträge des Frankfurter Karstsymposiums
Hrsg.: Semmel, A.
Wiesbaden 1973, 156 S., Steiner Verlag
Erdkundliches Wissen Bd. 32

Panzer, W.:
Geomorphologie
Das Geographische Seminar, Braunschweig 1970, 168 S.,
G. Westermann Verlag

Flüssig geschriebene, preiswerte Einführung in die Geomorphologie, die jedoch infolge der knappen Darstellung und des vergleichsweise bescheidenen Angebots an Skizzen, Diagrammen und Photographien ein Lehrbuch kaum ersetzen kann.

Pitty, A. F.:
Introduction to Geomorphology
London 1971, 526 S., University Paperback 378, Methuen & Co.

Keine Einführung für Anfänger, sondern eher eine Anleitung zum Verständnis geomorphologischer Forschung.

Rother, K.:
Die eiszeitliche Vergletscherung der Mittelgebirge Mitteleuropas
Der Forschungsstand im Überblick
in: Geographische Rundschaft, 23. Jg., S. 260–266,
Braunschweig 1971

Zusammenstellung der heutigen Kenntnisse über die pleistozäne Vergletscherung unserer Mittelgebirge. Zu den eiszeitlich vergletscherten Gebirgen gehören Riesengebirge, Altvatergebirge, Bayerischer Wald, Schwarzwald, Vogesen und Harz; für Erzgebirge, Thüringer Wald, Rhön und Meißner liegen dagegen keine überzeugenden Beweise für eine pleistozäne Vereisung vor.
Für den glazialmorphologisch Interessierten ist das umfangreiche Literaturverzeichnis im Anhang des Aufsatzes sehr ergiebig.

Scovel, J. L., McCormack, J. C.; O'Brien, E. J.; Chapman, R. B.:
Atlas of Landforms
West Point New York: Department of Earth, Space and Graphic Sciences, United States Military Academy
New York, London, Sidney 1966, 155 S., John Wiley & Sons

Atlas mit über 100 interpretierten Kartenausschnitten verschiedener Landformen (meist im Maßstab 1 : 62 500), die insbesondere für den geomorphologisch Interessierten reiches Anschauungs- und Erkenntnismaterial bieten.

Sweeting, M. M.:
Karst Landforms
London 1972, 362 S., MacMillan

Gut ausgestattetes Lehrbuch der Karstmorphologie, das in der deutschen Literatur kein vergleichbares Gegenstück besitzt. Neben einer allgemeinen Behandlung des Karstphänomens (Karstgesteine, Lösungsprozesse, Chemismus, Karsthydrologie, u. a.) erfolgt eine Darstellung der wichtigsten Karstformen in den verschiedenen Erdregionen.

Tricart, J.:
Le modelé des régions chaudes. – Forêts et savanes
2. Aufl., Traité de Géomorphologie
(Hrsg.: J. Tricart u. A. Cailleux). T. V.
Paris 1974, 345 S., SEDES Paris

Tricart, J.:
Le modelé des régions sèches. Traité de Géomorphologie
(Hrsg.: J. Tricart u. A. Cailleux) T. IV
Pairs 1969, 472 S., SEDES Paris

Trimmel, H.:
Höhlenkunde
Die Wissenschaft, Bd. 126,
Braunschweig 1968, 304 S., Fr. Vieweg & Sohn
Ein in erster Linie für den Liebhaberspäleologen geschriebenes Werk, das jedoch auch Fragen der Karstmorphologie und Karsthydrologie behandelt.

Wagner, G.:
Einführung in die Erd- und Landschaftsgeschichte mit besonderer Berücksichtigung Süddeutschlands
Öhringen 1960 (3. Aufl.), 694 S. und 208 Tafeln,
Verlag der Hohenlohe'schen Buchhandlung F. Rau
(siehe 2.5.1.2 – Wagner, G.)

Weber, H.:
Die Oberflächenformen des festen Landes
Leipzig 1967, 367 S. und Bildteil,
B. G. Teubner Verlagsgesellschaft
Das Werk von Hans Weber ist immer noch die für den Anfänger am besten lesbare Einführung in die allgemeine Geomorphologie. Neben der klaren Gliederung und der verständlichen Sprache tragen dazu nicht unwesentlich die zahlreichen, sorgfältig ausgesuchten Schemazeichnungen und Photographien bei.

Wilhelm, F.:
Schnee- und Gletscherkunde
Lehrbuch der Allgemeinen Geographie Bd. III, 3
Berlin 1975, 434 S., Walter de Gruyter

Wilhelmy, H.:
Geomorphologie in Stichworten
Teil I: Endogene Kräfte, Vorgänge und Formen, Kiel 1971, 104 S.

Teil II: Exogene Morphodynamik (Verwitterung, Abtragung, Tal- und Flächenbildung), Kiel 1972, 224 S.
Teil III: Exogene Morphodynamik (Karsterscheinungen, Glazialer Formenschatz, Küstenformen), Kiel 1972, 184 S.
Teil IV: Klimageomorphologie, Kiel 1974, 375 S.,
Verlag Ferdinand Hirt

Jüngste umfassende Darstellung der allgemeinen Geomorphologie, die einen guten Überblick über den gegenwärtigen Forschungsstand dieser Wissenschaft vermittelt. Im Gegensatz zu einer Reihe anderer Stichwörterbücher, die sich allenfalls als Nachschlagewerke oder zur Wiederholung eignen, kann der „Geomorphologie in Stichworten" die Eigenschaft eines brauchbaren Lehrbuches zugesprochen werden. Hierzu tragen vor allem die hervorragenden Illustrationen bei. Besondere Erwähnung verdienen auch die außergewöhnlich umfangreichen Literaturangaben und die ausführlichen Register.
In Band I werden zunächst Aufgaben, Methoden und Grundbegriffe der Geomorphologie erläutert. Es folgen u. a. horizontale und vertikale Gliederung der Erdoberfläche, Aufbau der Erde, endogene Kräfte, Vorgänge und Formen, Gebirgsbildung, Bruchtektonik und Vulkanismus. Bd. II beschäftigt sich mit Fragen der Verwitterung, den Böden als Indikatoren morphologischer Prozesse, den Formen der Abtragung und ihren Ergebnissen. Besonderes Gewicht wird auf die Behandlung der modernen Auffassungen über Abtragungsvorgänge in Rumpfflächen- und Schichtstufenlandschaften gelegt. Bd. III widmet sich außer den bereits im Titel genannten Gebieten auch den anthropogenen Formen und der angewandten Geomorphologie.
(Zu Bd. IV vgl. 2.5.3.1 – Wilhelmy: Klimageomorphologie in Stichworten. Teil IV)

Woldstedt, P.:

Das Eiszeitalter – Grundlinien einer Geologie des Quartärs

3 Bände, Stuttgart 1958–1965, Enke Verlag

(siehe 2.5.1.2 – Woldstedt, P.)

2.5.3.1 Klimagenetische Geomorphologie

Birkenhauer, J.:
Der Klimagang im Rheinischen Schiefergebirge und in seinem näheren und weiteren Umland zwischen dem Mitteltertiär und dem Beginn des Pleistozäns
Ein Beitrag zur Frage von
„Tropenklima und Mittelgebirgsmorphologie“
in: Erdkunde, Archiv für wissenschaftliche Geographie, Bd. XXIV
Bonn 1970, S. 268–284

Im Gegensatz zu älteren Auffassungen beweist Verf. einen Klimawandel von tropisch feuchtem bzw. wechselfeuchtem Klima bis zu gemäßigtem Klima, unterbrochen von Glazialklima.
(siehe auch 2.5.3.1 – Birkenhauer, J.: Modelle der Rumpfflächenbildung . . .)

Birkenhauer, J.:
Modelle der Rumpfflächenbildung und die Frage ihrer Übertragbarkeit auf die deutschen Mittelgebirge am Beispiel des Rheinischen Schiefergebirges
in: Zeitschrift für Geomorphologie N. F., Suppl. Bd. 14,
Berlin, Stuttgart 1972, S. 39–53

Nach einem Rückblick auf die Geschichte der Rumpfflächenforschung werden die Modelle von Louis und Büdel mit Aufnahmeergebnissen des Verfassers im zentralen Rheinischen Schiefergebirge verglichen. Das Ergebnis des Vergleiches zeigt, daß die Merkmale der untersuchten Verebnungen im Rheinischen Schiefergebirge nicht in Einklang zu bringen sind mit den Modellvorstellungen von Büdel und Louis. Die klima-genetischen Entstehungsbedingungen der „rheinischen Verebnungen“ müssen anderer Natur gewesen sein als die auf Zersatzvorgängen beruhende Entstehung tropischer und randtropischer Rumpfflächen. Es handelt sich um in den festen Fels eingeschnittene Verebnungen, für die Verf. den Ausdruck „Lateralflächen“ vorschlägt. Die Ergebnisse stimmen gut mit Untersuchungen des Verf. über den Klimagang für das Mittel- und Jungtertiär überein.
(siehe 2.5.3.1 – Birkenhauer, J.: Der Klimagang im Rheinischen Schiefergebirge . . .)

Birot, P.:
Le Cycle d'Erosion sous les Différents Climats
Curso de Altos Estudos Geográficos.,
Rio de Janeiro: Universidade do Brasil,
Faculdade Nacional de Filosofia
Centro de Pesquisas de Geografia do Brasil 1960, 137 S.

Büdel, J.:

Das System der klima-genetischen Geomorphologie

in: Erdkunde – Archiv für wissenschaftliche Geographie, Bd. 23, H. 3
Bonn 1969, S. 165–183

Inzwischen bereits klassischer Aufsatz, der ein natürliches System der Geomorphologie entwickelt. Der erste Teil dieses Systems, die „klimatisch-dynamische Geomorphologie", befaßt sich mit den derzeitigen exogenen Formbildungsmechanismen. Die Karte der klima-morphologischen Zonen der Gegenwart liefert hierzu einen weltweiten Überblick.
Der zweite Teil, die „klima-genetische Geomorphologie", gilt der Analyse des vorhandenen Reliefs. Dieses wurde nur zum Teil von den Vorgängen der Gegenwart erzeugt; es enthält mehr oder minder überprägte Reste fossiler Reliefgenerationen.

Büdel, J.:

Die Frostschuttzone Südost-Spitzbergens

Colloquium Geographicum Bd. 6,
Bonn 1960, 104 S., Ferdinand Dümmlers Verlag

Büdel, J.:

Die Relieftypen der Flächenspülzone Süd-Indiens am Ostabfall Dekans gegen Madras

Colloquium Geographicum, Bd. 8,
Bonn 1965, 100 S., Ferdinand Dümmlers Verlag

Büdel, J.:

Klima-genetische Geomorphologie

in: Geographische Rundschau Jg. 15, 1963, S. 269–285,
Braunschweig

(siehe auch 2.5.3.1 – Büdel, J.: Das System der klima-genetischen Geomorphologie, 1969)

Gossmann, H.:

Theorien zur Hangentwicklung in verschiedenen Klimazonen

Mathematische Hangmodelle und ihre Beziehung zu Abtragungsvorgängen
Würzburger Geographische Arbeiten, Mitteilungen der Geographischen Gesellschaft Würzburg, Würzburg 1970, 146 S.,
Selbstverlag d. Geogr. Institutes der Universität Würzburg

(siehe 2.5.3 – Gossmann, H.)

Haubrich, H.:
Morphologische Studien im Niederwesterwald
Beiträge zur tertiären und quartären Entwicklungsgeschichte
Beiträge zur Landespflege in Rheinland-Pfalz, Beiheft 1
Kaiserslautern 1970, 144 S.

Rathjens, C. (Hrsg.):
Klimatische Geomorphologie
Wege der Forschung Bd. CCXVIII
Darmstadt 1971, 485 S., Verlag: Wissenschaftliche Buchgesellschaft

Sammlung und Wiederabdruck bedeutender Aufsätze zur klimatischen Geomorphologie aus den Jahren 1927 bis 1965. Zusammen mit dem einleitenden Aufsatz von Rathjens „Grundzüge der klimatischen Geomorphologie" gewinnt man einen guten Überblick über den gegenwärtigen Forschungsstand.

Rohdenburg, H.:
Einführung in die klimagenetische Geomorphologie
anhand eines Systems von Modellvorstellungen am
Beispiel des fluvialen Abtragungsreliefs
Gießen 1971, 350 S., Lenz-Verlag

Das Buch stellt den Versuch dar, das Gedankengebäude der Geomorphologie als geschlossenes System darzustellen, d. h. von möglichst wenig Voraussetzungen ausgehend – ähnlich dem auf Axiomen beruhenden Lehrgebäude der Mathematik – zu entwickeln. Verf. beschränkt sich dabei auf den durch fließendes Wasser verursachten Formenschatz der Erdoberfläche. Das Buch ist für den fortgeschrittenen Studenten der Geomorphologie mit Gewinn lesbar. Der Titel beinhaltet jedoch zwei irreführende Ungenauigkeiten. Zunächst handelt es sich nicht um eine Einführung im Sinne eines ersten Kennenlernens, sodann wird nicht in das Lehrgebäude der klimagenetischen Geomorphologie, sondern nur in einen Teilbereich dieser Disziplin eingeführt.
Das vom Verf. vorgelegte Modellsystem unterscheidet sich von bisherigen Modellvorstellungen durch systematische Berücksichtigung von Klimaschwankungen. Besonders interessant ist der Vergleich mit den Lehrmeinungen von Louis und von Büdel.

Tricart, J.; Cailleux, A.:
Introduction to Climatic Geomorphology
Harlow, Essex 1972, 336 S., Longman Verlag

Washburn, A. L.:
Periglacial Processes and Environments
London 1973, 320 S., Edward Arnold

Wilhelmy, H.:
Klimageomorphologie in Stichworten
Teil IV der Geomorphologie in Stichworten
Kiel 1974, 375 S., Ferd. Hirt Verlag

Erstes Lehrbuch der Klimageomorphologie mit Aufgliederung der Erdoberfläche in Zonen gleichartiger Morphodynamik. Neben den überaus reichhaltigen Literaturverzeichnissen und dem ausführlichen Register ist besonders der gelungene Versuch des Verf. zu erwähnen, die morphodynamischen Prozesse einzelner Erdräume im Rahmen des jeweils herrschenden Landschaftshaushaltes darzustellen. Trotz einer Fülle von Einzelmitteilungen und Beispielen aus allen klimageomorphologischen Zonen der Erde bleibt das Buch infolge seiner klaren Gliederung eine anregende Lektüre. Lediglich der Preis (DM 29,–) erscheint für ein Taschenbuch im Zweifarbendruck zu hoch. (Bzgl. der Teile I–III vgl. 2.5.3 – Wilhelmy, H.)

Wilhelmy, H.:
Klimamorphologie der Massengesteine
Braunschweig 1958, 238 S., G. Westermann Verlag

Lehrbuch der Verwitterungsformen und Verwitterungsvorgänge bei Massengesteinen (Granit, Gneis etc.) und ihrer Formengenese in den verschiedenen Klimaten. Die Lektüre des mit hervorragendem Bildmaterial ausgestatteten Werkes ist auch für den Anfänger lohnend. Verf. widmet sich neben dem schwerpunkthaft behandelten horizontalen klimatischen Formenwandel an verschiedenen Beispielen auch dem durch die Höhenlage bedingten. Das leider vergriffene Werk hätte eine Neuauflage verdient.

2.5.4 Klimatologie, Meteorologie

Barrett, E. C.:
Climatology from Satellites
London 1974, 418 S., Methuen & Co.

Erste Zusammenfassung der wesentlichen Methoden und bisherigen Ergebnisse der Satellitenklimatologie.

Baur, F.:
Großwetterkunde und langfristige Witterungsvorhersage
Frankfurt/M. 1963, 91 S., Akademische Verlagsgesellschaft

Blüthgen, J.:
Allgemeine Klimageographie
Lehrbuch der Allgemeinen Geographie, Bd. II
Berlin 1966 (2. Aufl.), 720 S., Walter de Gruyter Verlag

Als Handbuch wegen seiner enormen Stoffülle und der ausführlichen Literaturübersicht von hohem Nutzen, wobei lediglich der zu kurze physikalische Teil weniger zufriedenstellt. Als Lehrbuch für Anfänger weniger brauchbar. Ein Werk, das die physikalischen Grundlagen der Klimatologie in einer für Geographen brauchbaren Weise darbietet, fehlt leider noch.

Bucknell, J.:
Climatology, an introduction
New York 1966, 163 S., St. Martin's Press

Nach einem sehr knappen Überblick über Klimafaktoren und Klimaklassifikation wendet sich das Buch der Charakterisierung der Klimate einzelner Großräume der Erde zu. Wer tiefere Einsichten wünscht, wird zweifellos nicht mit der Lektüre zufrieden sein; wer dagegen einen mehr regelhaften Überblick wünscht, dem ist dieses Buch mit seiner Fülle instruktiver Diagramme und Kärtchen eine große Hilfe.

Domrös, M.:
Luftverunreinigung und Stadtklima im Rheinisch-Westfälischen Industriegebiet und ihre Auswirkung auf den Flechtenbewuchs der Bäume
Arbeiten zur Rheinischen Landeskunde, H. 23,
Bonn 1966, 132 S., F. Dümmlers Verlag

In der von C. Troll betreuten Arbeit weist Verf. einen deutlichen Zusammenhang zwischen Luftverunreinigung und dem Vorkommen von Baumrindenflechten im mittleren Ruhrgebiet nach und nutzt das Vorkommen bzw. Ausbleiben der Flechten als Indikator für die Luftverunreinigung. Obwohl viele Einzelfragen ungeklärt blieben, kann die Arbeit dem ökologisch interessierten Geographen als methodische Hilfe für eigene Untersuchungen etwa mit einer Abschlußklasse in der Umgebung des Schulortes dienen.

van Eimern, J.:

Wetter- und Klimakunde – für Landwirtschaft, Garten- und Weinbau

Stuttgart 1971, 239 S., Verlag Eugen Ulmer

Eine praxisbezogene Wetter- und Klimakunde in hervorragender didaktischer Konzeption. Fast alle angesprochenen agrarmeteorologischen Fragen sind auch für den Geographen interessant. Das Buch gewinnt seinen besonderen Reiz dadurch, daß es einerseits durchaus eine Einführung in die allgemeine Klimatologie und Meteorologie darstellt, zum anderen aber jeweils unmittelbar auf die praktische Bedeutung des gerade behandelten Themas eingeht. Dadurch wird die für manche Lehrbücher typische, langatmige abstrakte Abhandlung von Wetter- und Klimaerscheinungen weitgehend vermieden. Entsprechend der praktischen Ausrichtung des Buches stehen Klima und Witterungserscheinungen Mitteleuropas im Vordergrund, während die Klimazonen der Erde und die großräumige atmosphärische Zirkulation nur kurz erwähnt werden. Sehr viel Beachtung wird dem Gelände- und dem Kleinklima geschenkt sowie dem Thema Klima und Pflanze, in dem für den Geographen die Ausführungen über Pflanzenphänologie besonders lesenswert sind.

Eriksen, W.:

Probleme der Stadt- und Geländeklimatologie

(Erträge der Forschung, Bd. 35)
Darmstadt 1975, 114 S., Wiss. Buchgesellschaft

Estienne, P. und Godard, A.:

Climatologie

Collection U, Série „Géographie",
Paris 1970, 365 S., Librairie Armand Colin

Eine didaktisch hervorragend konzipierte Darstellung, die auch den physikalisch nicht vorgebildeten Geographen nicht überfordert. Leider fehlt ein gleichwertiges Lehrbuch in deutscher Sprache. Inhalt: Grundvorgänge in der Atmosphäre, Witterungsklimatologie, allgemeine Zirkulation der Atmosphäre, Klimazonen der Erde unter Berücksichtigung ihrer ökologisch wirksamen Eigentümlichkeiten.

Faust, H.:

Der Aufbau der Erdatmosphäre

Eine zusammenfassende Darstellung unter Einbeziehung der neuen Raketen- und Satellitenmeßergebnisse
Braunschweig 1968, 307 S., Vieweg & Sohn

Flohn, H.:
Arbeiten zur Allgemeinen Klimatologie
Darmstadt 1971, 319 S., Wissenschaftliche Buchgesellschaft

Sammlung von 13 bedeutenden Aufsätzen H. Flohns aus den Jahren 1950 bis 1971. Zum Grundwissen jedes Geographen gehört der Inhalt des Aufsatzes „Zur Didaktik der allgemeinen Zirkulation der Atmosphäre“, der zuerst in der Geograph. Rundschau 12, 1960, S. 129–142 und S. 189–195 erschien. Dieser Aufsatz bietet eine hervorragende Modellvorstellung der allgemeinen Zirkulation der Atmosphäre. Ohne eine Wertung vornehmen zu wollen, sei auf den letzten Aufsatz „Klimaschwankung oder Klimamodifikation? “ verwiesen, der das aktuelle Thema beabsichtigter und unbeabsichtigter Klimamodifikationen durch den wirtschaftenden Menschen behandelt. Im Anhang findet sich eine Aufstellung ausgewählter Schriften von H. Flohn zur regionalen Klimakunde.

Flohn, H.:
Vom Regenmacher zum Wettersatelliten. Klima und Wetter
Kindlers Universitäts Bibliothek
München 1968, 256 S., Kindler Verlag
(als Fischer-Taschenbuch erhältlich)

Der etwas banal klingende Titel des Buches charakterisiert in keiner Weise seinen Inhalt und Aufbau. Es handelt sich keineswegs um eine Geschichte der Meteorologie im Sachbuchstil, sondern um eine solide und hervorragend konzipierte Darstellung der physikalischen Grundlagen von Wetter und Klima. Die Lektüre erfordert zwar keine fachlichen Vorkenntnisse, doch sollte der Leser über eine gute mathematisch-physikalische Allgemeinbildung verfügen. Zu einem der Hauptforschungsgebiete von H. Flohn gehört die Erkundung von menschlich induzierten Modifikationen von Wetter und Klima. Dieses heute zentrale Thema, das auch für den Geographen von hoher Bedeutung ist, taucht an vielen Stellen des Buches in unterschiedlichem Gewande auf. Das mit ausgezeichneten Diagrammen und Photos (vor allem Satellitenbilder) ausgestattete Buch behandelt die Themen: Strahlungs- und Wärmehaushalt, Wolken und Niederschlag, Stockwerkbau und Zirkulation der Atmosphäre, Wetter und Wettervorhersage, Klima und Klimazonen, Klimaschwankungen, Modifikation von Wetter und Klima. Zu jedem dieser Kapitel ist Literatur zur Vertiefung in spezielle Fragestellungen angegeben.

Flohn, H.:
Produzieren wir unser eigenes Klima?
in: Meteorologische Rundschau 23. Jg., Nov./Dez. 1970
Heft S. 161–164

Alarmierender Aufsatz mit dem Ergebnis, daß anthropogene Klimabeeinflussungen heute nicht mehr als vernachlässigbar klein angesehen werden dürfen. Die Vorhersage der klimatischen Auswirkung von Umweltänderungen wird somit zu einer der dringlichsten Aufgaben der Klimatologie, die mittels numerischer Simulationsmodelle die Lösung dieses Problems in Angriff nehmen kann.

Flohn, H.:
Tropical Circulation Pattern
Bonner Meteorologische Abhandlungen, H. 15, 1971, 55 S.,
Verlag F. Dümmlers Bonn

Flohn, H.:
Zur Didaktik der allgemeinen Zirkulation der Atmosphäre
in: Geographische Rundschau 1960, S. 129–142 und S. 189–195
(siehe 2.5.4 – H. Flohn: Arbeiten zur Allgemeinen Klimatologie)

Frenzel, B.:
Die Klimaschwankungen des Eiszeitalters
Die Wissenschaft Bd. 129
Braunschweig 1967, 291 S., Verlag Friedrich Vieweg & Sohn
Darstellung neuer Erkenntnisse zur Vegetations- und Klimageschichte, die mit Hilfe absoluter Datierungsmethoden gewonnen wurden.

Geiger, R.:
Das Klima der bodennahen Luftschicht
Ein Lehrbuch der Mikroklimatologie
Braunschweig 1961 (4. Aufl.), 646 S., Friedr. Vieweg & Sohn
Bekanntes Lehrbuch mit praktischen Anleitungen zu eigenen mikroklimatologischen und mikrometeorologischen Messungen und Beobachtungen.

Geoforum
Heft 14/1973, 100 S., Braunschweig
Das Heft ist dem Thema „Meteorology, a Science in the Service of Mankind" gewidmet.

Giese, E.:
Die Klimaklassifikation von Budyko und Grigor'ev
in: Erdkunde – Archiv für wissenschaftliche Geographie,
Bd. 23, H. 4, Bonn 1969, S. 317–325
Verf. stellt eine Klimaklassifikation vor, die auf der sog. theoretischen Klimatologie beruht, welche sich um eine physikalisch vertiefte Betrachtung des

Wärme- und Wasserhaushaltes der Erdoberfläche bemüht. Die Ableitung physikalisch begründbarer Zusammenhänge thermischer und hydrologischer Parameter führt dazu, über indirekte Meßmethoden auf die Eigenschaften des Klimas eines Gebietes schließen zu können.

Havlik, D.:
Die Höhenstufe maximaler Niederschlagssummen in den Westalpen – Nachweis und dynamische Begründung
Freiburger Geographische Hefte, H. 7, Freiburg 1969, 76 S.

Heyer, E.:
Witterung und Klima, eine allgemeine Klimatologie
Leipzig 1971 (2. Aufl.), 439 S., B. G. Teubner Verlagsgesellschaft

Das Buch will dem Studierenden der Geographie eine Zusammenfassung dessen geben, was er auf dem Gebiete der Klimatologie braucht. Dargestellt werden die klimatologischen Elemente und Erscheinungen in ihrer Verteilung, Klimaklassifikationen, Grundwissen der synoptischen Meteorologie, Anwendungen der Klimatologie in der Praxis u. a. mehr. Das Lehrbuch eignet sich wegen seines klaren Aufbaues und der präzisen, verständlichen Darstellung gut als Einführung.

Inadvertent Climate Modification
Report of the Study of Man's Impact on Climate (SMIC)
Cambridge, Mass., London 1971, 308 S., The MIT-Press

Das Buch untersucht die gegenwärtigen und für die Zukunft zu erwartenden Auswirkungen menschlicher Aktivitäten auf das Klima. Dabei werden die menschlichen Lebens- und Wirtschaftsweisen im einzelnen bzgl. ihrer Auswirkung auf das Klima untersucht (z. B.: Veränderung der Erdoberfläche durch Verstädterung, Ackerbau, Entwaldung, Bewässerungskulturen etc.). Meßbare Veränderungen sind nicht nur in der Troposphäre, sondern bereits auch schon in der Stratosphäre nachzuweisen.

Keller, R.:
Gewässer und Wasserhaushalt des Festlandes
Eine Einführung in die Hydrogegraphie
Berlin, Leipzig 1961, Moskau 1965
Haude & Spenersche Verlagsbuchhandlung Berlin,
VEB Edition Leipzig

(siehe 2.5.5 – Keller, R.: Gewässer u. Wasserhaushalt . . .)

Kessler, A.:
Globalbilanzen von Klimaelementen
Ein Beitrag zur allgemeinen Klimatologie der Erde
Berichte des Institutes für Meteorologie und Klimatologie der Technischen Universität Hannover Nr. 3
Hannover 1968, 114 S.

Landsberg, H. E.; Lippmann, H.; Paffen, K.-H.; Troll, C.:
Weltkarten zur Klimakunde. World Maps of Climatology
Berlin, Göttingen, Heidelberg 1963, 28 S., 5 Karten, Springer Verlag

Karten 1 u. 2 geben die mittlere Sonnenscheindauer im Januar und Juli wieder, Karte 3 die Sonnenscheindauer im Jahr nach Stunden, Karte 4 enthält die Globalstrahlung (Kcal/cm^2/Jahr). Karte 5 „Die Jahreszeitenklimate der Erde" von C. Troll und K.-H. Paffen stellt die inzwischen weit verbreitete Klimagliederung auf der Basis der wechselnden Bestrahlungsverhältnisse, der jährlichen Temperaturschwankung und des jährlichen Niederschlagsganges dar.

Maunder, W. J.:
The Value of the Weather
London 1970, 388 S., Verlag Methuen & Co.
University Paperbacks, 347

Lehrbuchhafte Darstellung der Zusammenhänge zwischen atmosphärischen Vorgängen und menschlicher Lebens- und Wirtschaftsweise. Besondere Aktualität hat das Kapitel über die gegenwärtige und die für die Zukunft zu erwartende Beeinflussung der umgebenden Atmosphäre durch den Menschen.

Pagnet, P.:
La climatologie. „Que sais-je? " No. 171
Paris 1973 Presses univ. de France, 128 S.

Sehr knappe, konzentrierte Einführung, sachlich auf dem neuesten Stande.

Pédelaborde, P.:
The Monsoon
London 1963, 196 S., Methuen & Co. Ltd.

Ursprünglich 1958 in französischer Sprache erschienene Monographie mit gutem Überblick über verschiedene Theorien zur tropischen Zirkulation. Insbesondere bei der Behandlung des Monsuns wird deutlich, daß geographische Klimatologie eng mit der modernen Meteorologie verbunden sein muß.

Reuter, H.:
Die Wissenschaft vom Wetter
(Verständliche Wissenschaft Bd. 94)
Berlin 1968, 146 S., Springer Verlag

von Rudloff, H.:
Die Schwankungen und Pendelungen des Klimas in Europa seit dem Beginn der regelmäßigen Instrumentenbeobachtungen (1670).
Mit einem Beitrag über die Klimaschwankungen in historischer Zeit von H. Flohn.
Die Wissenschaft, Braunschweig 1967, 368 S.,
Verlag Friedrich Vieweg & Sohn

Die gelegentlich längerer Witterungsanomalien immer wieder auftauchenden Fragen, ob eine drastische Klimaänderung im Gange sei, werden durch die aus mühevollem Literatur- und Meßreihenstudium gewonnenen Ergebnisse widerlegt. Neben der ausführlichen Darstellung der Klimaschwankungen in den letzten 300 Jahren werden auch deren Ursachen diskutiert.

Schamp, H.:
Die Winde der Erde und ihre Namen
Regelmäßige, periodische und lokale Winde als Klimaelemente, ein Katalog
Wiesbaden 1964, Erdkundliches Wissen H. 8, 94 S.,
Franz Steiner Verlag

Scherhag, R. / Blüthgen, J.:
Klimatologie
Das Geographische Seminar
Braunschweig 1973 (7. Aufl.), 168 S., G. Westermann Verlag

Neuauflage der von dem verstorbenen Synoptiker R. Scherhag geschriebenen „Einführung in die Klimatologie“. Da eine Reihe meteorologischer und klimatologischer Grundkenntnisse nicht oder zu knapp behandelt werden, ist die Lektüre einem Anfänger nicht zu empfehlen. Für den Fortgeschrittenen ist das Buch dagegen sehr lesenswert.

Schneider-Carius, K.:
Wetterkunde, Wetterforschung
Geschichte ihrer Probleme und Erkenntnisse in Dokumenten aus drei Jahrtausenden. (Orbis academicus Bd. 9)
Freiburg 1955, 423 S., Verlag Karl Alber

Schwarz, R.:
Zur anschaulichen Erklärung der Coriolisbeschleunigung
in: Geographische Rundschau, Braunschweig 1973, H. 1, S. 30–33
(siehe 2.5.1.4 – Schwarz, R.)

Schwarzbach M.:
Das Klima der Vorzeit
Eine Einführung in die Paläoklimatologie
Stuttgart 1974 (3. Aufl.), 388 S., Enke Verlag
(siehe 2.5.1.2 – Schwarzbach, M.)

Scultetus, H. R.:
Klimatologie
Das Geographische Seminar, Praktische Arbeitsweisen
Braunschweig 1969, 164 S., G. Westermann Verlag

Das Buch vermittelt dem klimatologisch tätigen Geographen zahlreiche nützliche Hinweise für seine Arbeit. Nach Ausführungen über Klimabeobachtungen im Gelände ohne Zuhilfenahme von Meßinstrumenten behandelt Verf. Einrichtung und Betrieb von festen und beweglichen Klimastationen. Insbesondere wird die Gefahr der Verfälschung von Meßergebnissen durch ungeeignete Standortwahl der Station und unsachgemäße Instrumentenaufstellung erörtert. Großen Nutzen dürfte die Schrift durch die umfangreichen Hinweise zur Auswertung und Darstellung klimatologischer Daten (Homogenisierung von Klimareihen, Ergänzung lückenhafter Beobachtungen u. a.) bringen.

Stringer, E. T.:
Foundations of Climatology
An Introduction to physical, dynamic, synoptic, and geographical Climatology
San Francisco 1972, 586 S., W. H. Freeman Verlag

Verf. beabsichtigt mit seinem Lehrbuch, die Lücke zwischen den Lehrbüchern der Meteorologie und den bisherigen Klimageographien zu schließen, welche zu sehr auf reiner Deskription klimatischer Erscheinungen beruhten. Durch die stärkere mathematisch-physikalische Grundlegung der Klimalehre kommt Verf. besonders den Geographen entgegen, die sich mit Problemen der statistisch und synoptisch ausgerichteten Klimatologie befassen. Das Buch ist kein Ersatz, sondern eine wertvolle Ergänzung bisheriger Klimageographien.

Stringer, E. T.:
Techniques of Climatology
San Francisco 1972, 539 S., W. H. Freeman Verlag

Ergänzung zu 'Foundations of Climatology' von demselben Verf. Es werden primär die meteorologischen Aspekte der Klimaforschung berücksichtigt.

Tank, H.-J.:
Meteorologie
Wetterkunde, Wetterzeichen, Wetterbeeinflussung
rororo tele, Reinbek bei Hamburg 1969, 136 S.,
Rowohlt Taschenbuch Verlag

Reich bebilderte erste Einführung, die sich vor allem mit den Einzelerscheinungen des Wetters befaßt. Gegen Ende der Lektüre dürfte der Leser imstande sein, eine Bodenwetterkarte zu interpretieren. Tiefere Einsichten etwa in die atmosphärische Zirkulation sind mit Hilfe dieses Taschenbuches nicht möglich.

Thiele, A.:
Luftverunreinigung und Stadtklima im Großraum München, insbesondere in ihrer Auswirkung auf epixyle Testflechten
Bonner Geogr. Abhandl. H. 49,
Bonn 1974, 175 S., Ferd. Dümmlers Verlag

Abgesehen von der mustergültigen Untersuchung des Großraums München ist diese Arbeit methodisch im Hinblick auf den Einsatz der Flechte als Bio-Indikator für geographische Untersuchungen von hohem Wert. Ferner erfolgt eine kritische Sichtung der bisherigen Flechtenuntersuchungen.

The Ocean
A Scientific American Book
San Francisco 1969, 140 S., W. H. Freeman and Company

(siehe 2.5.5 – The Ocean)

Trewartha, G. T.:
The Earth's Problem Climates
Madison, London 1966, 334 S.,
The University of Wisconsin Press/Methuen & Co.

Als Ergänzung zu seinem Lehrbuch „An Introduction to Climate" (New York, London 1955, McGraw-Hill), in dem aus dem Bereich der regionalen Klimatologie nur die regelhaft erfaßbaren Klimate behandelt wurden, widmet sich Verf. nun den regional-klimatischen Besonderheiten. Weitergehende meteorologische Kenntnisse sind für das außerordentlich anregende Studium der angeschnittenen klimatologischen Probleme von Nutzen.

Troll, C.:
Karte der Jahreszeiten-Klimate der Erde
Mit einer farbigen Karte von C. Troll und K.-H. Paffen
in: Erdkunde, Bd. 18, S. 5–28

Beleuchtungs-Jahreszeiten, thermische Jahreszeiten und hygrische Jahreszeiten ergeben im Zusammenspiel die Jahreszeitenklimate. Von diesen werden wiederum die hydrologischen Erscheinungen, die Typen der Verwitterungsböden, die Vegetationsgürtel und die Typen der Biozönosen entscheidend beherrscht. Der Aufsatz bietet eine Interpretation und Ergänzung zur genannten Karte. Besonders nützlich sind die im Text eingestreuten Thermoisoplethen-Diagramme und Diagramme des jährlichen Niederschlagsganges der wichtigsten Klimatypen der Erde.

Walter, H. und Lieth, H.:
Klimadiagramm-Weltatlas
Jena, 1. Lieferung 1960, 11 Karten und 65 Beiblätter,
2. Lfg. 1964 12 Ktn. und 92 Beiblätter,
3. Lfg. 1966 8 S. Text, 12 Ktn. und 54 Beiblätter
VEB Gustav Fischer Verlag

Verdienstvolles Atlaswerk, das inzwischen zur wichtigsten Orientierungshilfe über die klimatischen Verhältnisse von praktisch jedem Gebiet der Erde geworden ist und diesen Rang gewiß noch lange behalten wird. Über 10 000 meteorologische Meßreihen werden in Diagrammform wiedergegeben. In die Diagramme wurden Niederschlag und Temperatur nach dem Vorschlag von H. Gaussen im Verhältnis N = 2T eingetragen, so daß außer dem Jahresgang von Niederschlag und Temperatur auch ungefähre Angaben über Regen- und Trockenzeiten abgelesen werden können. Daneben enthalten die Diagramme je nach vorgefundenem Datenmaterial bis zu 12 weitere Angaben über Temperatur oder Niederschlag zur klimatischen Charakterisierung eines Ortes. Weniger brauchbar sind die zehn Typen des Klimas, die auf einer Klasseneinteilung der Diagramme beruhen, ebenfalls nicht zufriedenstellend ist die kartographische Darstellung der räumlichen Verbreitung dieser Klimatypen. Die Einteilung, die annähernd gleichartige Diagramme jeweils derselben Klasse zuweist, ist so grob, daß z. B. das abessinische Hochland und das tropische Tiefland Afrikas derselben Klimazone angehören.
Lfg. 1 bringt Diagramme und Übersichtsblätter von Westeuropa, Vorderasien, Vorderindien, Afrika, Südamerika und Australien; Lfg. 2 behandelt das restliche Europa, Eurosibirien, Südostasien und Neuseeland; Lfg. 3 Japan, Indonesien, Hinterindien, Iran, ozeanische Inseln, Nordpolargebiet sowie Nord- und Mittelamerika.

Walter, H.:
Vegetationszonen und Klima
– kurze Darstellung in kausaler und kontinentaler Sicht
Stuttgart 1970, 244 S., UTB 14 Ulmer Verlag
(siehe 2.5.6.1 – Walter, H.: Vegetationszonen . . .)

Weischet, W.:
Der tropisch-konvektive und der außertropisch advektive Typ der vertikalen Niederschlagsverteilung
in: Erdkunde, Bd. 19, Bonn 1965, S. 6–14

Weischet, W. und Barsch, D.:
Studien zum Problem der Deformation von Baumkronen durch Wind
Freiburger Geographische Hefte, H. 1, Freiburg 1963, 130 S.
Die beständige großräumige Verteilung der Luftdruckgebilde bringt es mit sich, daß an vielen Orten eine bestimmte Windrichtung dominiert. Daraus resultieren nicht selten charakteristische Wuchsformen von Bäumen und Sträuchern (z. B. Umbiegen des Stammes, Deformation des Geästes durch Austrocknung u. a.). Die Deformation von Baumkronen kann somit unter bestimmten Voraussetzungen als ein Indikator des Lokalklimas benutzt werden. Außer Berichten über regionale Studien der Deformation wird eine systematische Abstufung nach Deformationsausmaß vorgeschlagen.

2.5.5 Hydrogeographie, Hydrologie, Ozeanographie

Baumann, H.; Schendel, U.; Mann, G.:
Wasserwirtschaft in Stichworten
Wasserhaushalt und seine Regelung
Hirt's Stichwörterbücher
Kiel 1974, 204 S., Verlag Ferdinand Hirt
Eine Wasserwirtschaft aus hydrologischer Sicht. Behandelt werden: Geschichtliche Daten zur Wasserwirtschaft, allgemeiner Wasserhaushalt, Boden- und Pflanzenwasserhaushalt, Bewässerung, Entwässerung, Erosion, Reinhaltung der Gewässer, Gesetze und Organe der Wasserwirtschaft.
Die übersichtlich gegliederte, knappe und sehr präzise Darstellung sei allen mit hydrologischen, ökologischen, biologischen und landesplanerischen Fragestellungen befaßten Geographen sehr empfohlen.
Beispiele und Zahlen berücksichtigen im wesentlichen deutsche Verhältnisse. Breiter Raum wird der Reinhaltung der Gewässer gewidmet.

Bogomolow, G. W.:

Grundlagen der Hydrogeologie

Berlin 1958, 178 S., VEB Deutscher Verlag der Wissenschaften

Chorley, R. J. (Hrsg.):

Water, Earth, and Man

A Synthesis of Hydrology, Geomorphology, and Socio-Economic Geography

London 1969, 588 S., Methuen & Co.

Bereits im Titel wird deutlich, daß die für manchen Geographen schon vollzogene Trennung von Physischer Geographie und Anthropogeographie hier ins Gegenteil gekehrt wird und daß stattdessen der gesamtgeographische Aspekt als eine notwendige Betrachtungsweise betont wird. Die Hydrologie, der die meisten der Aufsätze dieser Sammlung gewidmet sind, vermag dabei in besonderem Maße die Rolle eine Bindegliedes zu spielen. Entsprechend dem Titel sind die einzelnen Aufsätze der Sammlung aufgebaut; zugleich mit der Behandlung eines Phänomens aus der Hydrologie oder Geomorphologie werden immer die Verflechtungen des Menschen mit diesem Phänomen behandelt.

Das Wasser in den ariden Gebieten der Alten Welt

Bericht über die Vortragstagung der Deutschakademie der Naturforscher Leopoldina 15. und 16. November 1964 in Halle (Saale). 15 Vorträge

in: Nova Acta Leopoldina N. F. Nr. 176, Bd. 31,

Leipzig 1966, 220 S., Johann Ambrosius Barth Verlag

Sammlung von 15 Vorträgen von Vertretern der Disziplinen Meteorologie, Geologie, Geographie und Botanik, jeweils mit reichhaltigen Literaturhinweisen.

Dubreuil, P.:

Initiation a l'Analyse Hydrologique

Paris 1974, 216 S., Masson & Cie, O.R.S.T.O.M.

Praxisnahe Einführung in die von Hydrologen angewandten statistischen Methoden. Für Anfänger brauchbar.

Dietrich, G.:
Ozeanographie
Physische Geographie des Weltmeeres
Das Geographische Seminar
Braunschweig 1970 (3. Aufl.), 120 S., G. Westermann Verlag
Leicht verständliche Darstellung der für den Geographen interessanten Ergebnisse meereskundlicher Forschung, gefolgt von einer vergleichenden Geographie der Ozeane.

Fels, E.:
Die großen Stauseen der Erde
in: Zeitschrift für Wirtschaftsgeographie Jg. 14,
Hagen 1970, S. 229–244
Vollständige, regional gegliederte Aufzählung der Stauseen. Ausführliches Literaturverzeichnis.

Hagan, R. M.; Haise, H. R.; Edminster, T. W. (Hrsg.):
Irrigation of Agricultural Lands
No. 11 in the series Agronomy,
American Society of Agronomy (Publisher),
Madison, Wisconsin, USA 1967, 1180 S.
Derzeit bedeutendstes Handbuch über Bewässerungsfragen.

Haggett, P. und Chorley, R. J.:
Network Analysis in Geography
London 1969, 348 S., Verlag Edward Arnold
(siehe 2.3 – Haggett, P. und Chorley, R. J.: Network . . .)

Hutchinson, G. E.:
A Treatise on Limnology
2 Bände
New York, Wiley & Sons Ltd. 1957 (Bd. I), 1965, (Bd. II)
Immer noch eines der bedeutendsten Lehrbücher der Limnologie. Band I behandelt die Morphologie der Seen sowie physikalische und chemische Limnologie, Band II die biologische Limnologie.

Internationale Hydrologische Dekade, Theoretische Hydrologie
Deutsche Forschungsgemeinschaft,
Bonn-Bad Godesberg 1971, 92 S.
Sammlung von Methoden der Stochastischen Hydrologie (= Einbeziehung der Wahrscheinlichkeitstheorie und der mathematischen Statistik in die

Hydrologie). Die voll durchgerechneten Beispiele können auch als Anleitung für allgemeine statistische Verfahren dienen, wie sie inzwischen in vielen Zweigen der Physischen Geographie und der Geographie des Menschen zur Anwendung kommen.

Israelsen, O. W.; Hansen, V. E.:
Irrigation Principles and Practices
New York, London, Sydney 1967 (3. Aufl.), 447 S., John Wiley

Keller, R. (Hrsg.):
Flußregime und Wasserhaushalt
1. Bericht der IGU-Commission on the International Hydrological Dekade
Freiburger Geographische Hefte, H. 6, Freiburg i. Br. 1968, 240 S.

R. Keller, Chairman der Commission on the International Hydrological Decade der Internationalen Geographen-Union (IGU), legt hier eine Sammlung von 8 Aufsätzen vor, die die Rolle der Geographie im Rahmen der Internationalen Hydrologischen Dekade (1965–1974) deutlich machen. Außer dem Beitrag von R. Keller „The Role of Geography within the International Hydrological Decade" widmen sich die anderen Beiträge spezielleren Themen. U. a. sind zu nennen: Soki Yamamoto: „Influence of Human Activities on the Hydrologic Cycle", F. Grimm: „Zur Typisierung des mittleren Abflußganges (Abflußregime) in Europa", R. Keller: „Die Regime der Flüsse der Erde – Ein Forschungsvorhaben der IGU-Commission on the IHD", I. Henning: „Hwang Ho und Yangtze Kiang", W. Brinkmann: „Zur Hydrologie des Tigrissystems".

Keller, R.:
Gewässer und Wasserhaushalt des Festlandes
Eine Einführung in die Hydrogeographie
Berlin, Leipzig 1961, Moskau 1965, 520 S.,
Haude & Spenersche Verlagsbuchhandlung Berlin,
VEB Edition Leipzig

Trotz des enormen Erkenntniszuwachses, den die regionale und die allgemeine Hydrologie insbesondere durch die Arbeiten zur Internationalen Hydrologischen Dekade (1965–1974) erfahren haben, behält das Buch seine Bedeutung als derzeit bestes Lehrbuch der Hydrologie für Geowissenschaftler. Dies liegt wesentlich an der modernen Konzeption des Buches, die eine Betrachtung der Hydrologie vom Standpunkt der Geoökologie aus anstrebt und die geographische Differenzierung hydrologischer Phänomene durch hervorragend ausgewählte Beispiele aus aller Welt aufzuzeigen versucht.

Insbesondere durch die Beispiele kommt die große Bedeutung des Wassers als Wirtschaftsfaktor und wichtigstes Element der Planung zum Ausdruck und damit der enge Zusammenhang der Hydrologie nicht nur mit den anderen Disziplinen der physischen Geographie, sondern auch mit vielen Zweigen der Geographie des Menschen und mit der angewandten Geographie. Das Buch gliedert sich in die Kapitel „Der Kreislauf des Wassers" (6. S.), „Die Elemente des Wasserhaushaltes" (65 S.), „Die Gewässer des Festlandes" (245 S.) und „Der Wasserhaushalt" (145 S.). 19 Seiten Bibliographie bilden den Abschluß. Zahlreiche Diagramme, Abbildungen und Schemazeichnungen erleichtern das Verständnis mitunter recht komplexer hydrologischer Sachverhalte. Naturwissenschaftlich-mathematische Vorkenntnisse sind der Lektüre förderlich, jedoch nicht unbedingt notwendig.

Keller, R. (Hrsg.):

Run-off Regimen and Water Balance II,
Flußregime und Wasserhaushalt II

2. Bericht der IGU-Commission on the International Hydrological Decade, (IHD)
Freiburger Geographische Hefte, H. 12, Freiburg 1972
(siehe auch Keller, R.: Flußregime und Wasserhaushalt, Freiburger Geographische Hefte, H. 6, 1968), 179 S.

Fortsetzung des besprochenen ersten Berichts. Nach einem Bericht über die Tätigkeit der IGU-Commission on the IHD von R. Keller widmet sich die Aufsatzsammlung (8 Beiträge zu speziellen Themen) vor allem den Fragen „Einfluß des Menschen auf den Wasserhaushalt" sowie „Klassifikation der Abflußregime der Erde". Zu nennen sind: Ymamoto, Soki; Isamu Kayane, and Shizuo Shindo: „Effects of Human Activity on Groundwater", Schick, Asher P., and Moshe Inbar: „Some Effects of Man on the Hydrological Cycle of the Upper Jordan-Lake Kinneret Watershed", Mather, R. N.: „Influence of Artificial Irrigation on Water Balance in the Meerut District, Uttar Pradesh, India", Keller, R.; Seifried, A. und Skirke S.: „Methoden zur Klassifikation von Abflußregimen – Zweiter Bericht über das Forschungsprogramm der IGU-Commission on the International Hydrological Decade", sowie weitere Beiträge von Seifried, A. über Canadian River Regimen, Dukić, D. über Les Régimes Fluviaux en Yougoslavie, und Dynowska, I. über Types of River Regimes in Poland.

King, C. A. M.:

Oceanography for Geographers

London 1962, 337 S., Edward Arnold Ltd.

Kreeb, K.:

Ökologische Grundlagen der Bewässerungskulturen in den Subtropen

Stuttgart 1964, 149 S., Gustav Fischer Verlag

Linsley, R. K.; Kohler, M. und Paulhus, J.:
Applied Hydrology
New York 1949, 689 S.

McLellan, H. J.:
Elements of Physical Oceanography
London 1966, 150 S., Pergamon Press

Das Buch behandelt vor allem die Geophysik der Ozeane.

Neef, E.:
Der Bodenwasserhaushalt als ökologischer Faktor
Berichte zur deutschen Landeskunde, Bd. 25
Bonn-Bad Godesberg 1960, S. 272–282

Nolzen, H.:
Der Unit Hydrograph am Beispiel von Schwarzwaldflüssen
Beiträge zur Hydrologie des Schwarzwaldes
Freiburger Geographische Hefte, H. 10, Freiburg 1971, S. 110–191

Das Unit-Hydrograph-Verfahren gehört zur deterministischen (oder parametrischen) Hydrologie, die physikalische Gesetzmäßigkeiten zwischen zwei oder mehreren hydrologischen Faktoren klärt. Auf diesem Verfahren beruht heute der gesamte Hochwasserwarndienst der USA. Mit Hilfe des Unit-Hydrograph-Verfahrens gelang es, quantitative Beziehungen zwischen den gebietstypischen Merkmalen des Hochwasserabflusses und den physischgeographischen Charakteristika eines Flußgebietes aufzustellen.

Overmann, M.:
Wasser, Wasserhaushalt und Wasserwirtschaft als Weltprobleme
Das Buch zur Sache
Stuttgart 1971, 192 S., Deutsche Verlagsanstalt

Populärwissenschaftliche Darstellung der bedeutenden hydrologischen Weltprobleme mit sehr anschaulichen Beispielen. Außer der Wasserversorgung steht unsachgemäßer Wasserverbrauch (z. B. durch fehlerhafte Bewässerung) im Vordergrund.

Pardé, M.:
Influences de la Perméabilité sur le Régime des Rivières
Colloquium Geographicum, Bd. 7,
Bonn 1965, 100 S., Ferdinand Dümmlers Verlag

Salinity Problems in the Arid Zones
Proceedings of the Teheran Symposium
Les Problèmes de la Salinité dans les Régions Arides
Actes du Colloque de Téhéran
Paris 1961, 395 S., UNESCO

Reichhaltige Vortragssammlung über Versalzungsprobleme, Auswirkungen der Versalzung auf Pflanzen und Tiere, Möglichkeiten der Brackwassernutzung, künstliche Entsalzung u. a.

Schwoerbel, J.:
Einführung in die Limnologie
Stuttgart 1971, Universitätstaschenbuch (UTB) Nr. 31, 170 S., Gustav Fischer Verlag

Abriß der Seenkunde, wobei für den Geographen angesichts der Bedeutung der Seen als Trinkwasserreservoire vor allem die Ausführungen über die Beeinflussung der Seen durch verschiedene geographische Faktoren bedeutsam sind.

The Encyclopedia of Oceanography
Encyclopedia of Earth Sciences Series, Vol. I
edited by Rhodes, W. Fairbridge
New York 1966, 1003 S., Reinhold Publishing Corporation

The Ocean
A Scientific American Book
San Francisco 1969, 140 S., W. H. Freeman and Company

Zehn Aufsätze zur Meereskunde mit weit gestreuter Thematik, die sich u. a. mit den Möglichkeiten der wirtschaftlichen Nutzung der Ozeane als Lieferanten von Nahrung, Rohstoffen vom Meeresboden und aus dem Seewasser sowie als Lieferanten von Energie auseinandersetzen. Daneben werden Ursprung und Geologie der Ozeane sowie der Energieaustausch zwischen Ozean und Atmosphäre behandelt.

Treter, U.:
Untersuchungen zum Jahresgang der Bodenfeuchte in Abhängigkeit von Niederschlägen, topographischer Situation und Bodenbedeckung an ausgewählten Punkten in den Hüttener Bergen / Schleswig-Holstein
Schriften des Geographischen Institutes der Universität Kiel Bd. 33,
Kiel 1970, 144 S.

Bodenfeuchtemessungen konnten bisher infolge der umständlichen konventionellen Meßtechnik nur an isolierten Punkten vorgenommen werden. Für hydrologische und mikroklimatologische Belange ist jedoch die Messung des Bodenfeuchtehaushaltes größerer Gebiete erforderlich. Dem Verf. gelang es, mit Hilfe der Neutronensonde den Feuchtegang während eines ganzen Jahres an insgesamt 81 Meßpunkten, die in charakteristischen Hangprofilen angeordnet waren, kontinuierlich zu verfolgen.

Trimmel, H.:
Höhlenkunde
Die Wissenschaft, Bd. 126, Braunschweig 1968, 304 S.,
Fr. Vieweg & Sohn

(siehe 2.5.3 – Trimmel, H.)

Ven Te Chow:
Handbook of Applied Hydrology
A compendium of water resources technology
New York 1964 (getr. Zählung), Verlag McGraw Hill

Das umfangreiche Handbuch der angewandten und reinen Hydrologie ist für alle mit hydrogeographischen Fragestellungen Befaßten ein unentbehrliches Nachschlagewerk. Eine Fülle von Literaturhinweisen zu jedem Kapitel erhöht den Wert des Werkes.

Wechmann, A.:
Hydrologie
Überirdisches Wasser – unterirdisches Wasser –
Hydrometeorologie – Wasserhaushalt
München, Wien 1964, 535 S., R. Oldenbourg-Verlag

Der Vorzug dieser Einführung in die Hydrologie liegt in der präzisen Darstellung von Meß- und Auswerteverfahren. Ansonsten werden geographische Belange, wie etwa Regimetypen des Abflußganges der Flüsse, weniger berücksichtigt.

Wilhelm, F.:
Hydrologie – Glaziologie
Das Geographische Seminar
Braunschweig 1972, 200 S., G. Westermann-Verlag

Das Büchlein behandelt in knapper Form den Wasserkreislauf, das unterirdische Wasser, Quellen, Flüsse, Seen, chemische Eigenschaften der Gewässer, Gletscher und schließlich das Thema „Der Mensch und die Gewässer".
Für die häufig nicht über eine Erwähnung hinausgehende Behandlung einzelner Themenkreise bieten die reichhaltigen Literaturhinweise eine gewisse Entschädigung.

Wilhelm, F.:
Schnee- und Gletscherkunde
Lehrbuch der Allgemeinen Geographie Bd. III, 3
Berlin 1975, 434 S., Walter de Gruyter

Wundt, W.:
Gewässerkunde
Berlin, Göttingen, Heidelberg 1953, 320 S., Springer-Verlag

Verf. zeigt vor allem die Beziehungen zwischen Gewässerkunde und Nachbarwissenschaften auf, so z. B. Klimatologie, Geomorphologie, Biologie, aber auch Wasserbau, Wasserschutz und Wassernutzung. Das Kapitel Messung und Statistik in der Gewässerkunde ist für denjenigen, der selbst auf hydrologischem Gebiet arbeiten möchte, eine gute Einführung.

2.5.6 Biogeographie

Aario, L. und Illies, J.:
Biogeographie
Pflanzengeographie, Tiergeographie, Das Geographische Seminar
Braunschweig 1970, 195 S., G. Westermann Verlag

Teil I Pflanzengeographie S. 9–86
Teil II Tiergeographie S. 89–185 (ist seit 1972 auch separat erhältlich).

Fittkau, E. F.; Illies, J.; Klinge, H.; Schwabe, G. H. und Sioli, H. (Hrsg.):
Biogeography and Ecology in South America Vol. 1 und 2
Monographiae Biologicae, Vol. 18 und 19,
Den Haag 1968 und 1969, Vol. 1 447 S., Vol. 2 496 S.,
Verlag Dr. W. Junk N. V.

Sammelwerk mit 29 Beiträgen zur Biogeographie und Ökologie Südamerikas. Hervorzuheben sind die geographisch interessanten allgemeinen Übersichten über den Kontinent.

Herder Lexikon Biologie
Freiburg, Basel, Wien 1972, 237 S., Herder Verlag

Illies, J.:
Einführung in die Tiergeographie
Stuttgart 1971, 91 S., Gustav Fischer Verlag
Universitätstaschenbuch UTB Nr. 2

Illies, J.:
Tiergeographie
Das Geographische Seminar
Braunschweig 1972, 118 S., G. Westermann Verlag

Die Tiergeographie beschreibt die Verbreitung und die Ursachen der Verbreitung von Tierarten. Verf. wendet sich im vorliegenden Büchlein insbesondere den ökologischen und historischen Fragen der Tiergeographie zu. Ein Schlußkapitel behandelt die Wechselwirkungen zwischen Mensch und Tier. Literaturverzeichnis mit Annotationen.

McGinnies, W. G.; Goldman, B. J.; Paylore, P. (Hrsg.):
Deserts of the World
An Appraisal of Research into their
Physical and Biological Environments
Tucson, Arizona 1968, 788 S.
(siehe 2.5.2 – McGinnies, W. G.)

The Biosphere
A Scientific American Book,
San Francisco 1970, 134 S., W. H. Freeman and Company
(siehe 2.5.2 – The Biosphere)

2.5.6.1 Vegetationsgeographie

Eyre, S. R.:
Vegetation and Soils. A World Picture
London 1970, 328 S., Edward Arnold (Publishers) Ltd.

Finke, L.:
Wozu heute noch Vegetationsgeographie studieren?
in: Geographische Rundschau, 25. Jg., H. 4, April 1973, S. 125–131

Verf. betrachtet die Vegetationsgeographie aus der Sicht des Lehrers, der im Hinblick auf seine Lehrtätigkeit die Frage nach dem „wozu“ an die geographischen Teildisziplinen stellt. Er verwirft den Ansatz, die Vegetationsgeographie mit vorwiegend auf die Physiognomie der Gewächse und deren Stellung im Landschaftsbild gerichteten Schwerpunkt zu betreiben. Stattdessen fordert er eine ökologisch ausgerichtete Vegetationsgeographie, die jedoch nicht reine Pflanzenökologie zu betreiben habe, sondern anhand der anthropogen verursachten Ersatzgesellschaften mögliche Gefahren und Grenzen menschlicher Eingriffe in bestehende ökologische Gleichgewichte aufzuzeigen habe. Insbesondere in unseren dicht besiedelten Gebieten ist heute der Stellenwert physisch-geographischer Lehrinhalte für das menschliche Entscheidungsverhalten überaus bedeutsam. Den Schüler in diesem Zusammenhang zu einer sachkundigen Mitsprachemöglichkeit bei Planungsvorhaben zu befähigen, ist nach Meinung des Verfassers das bedeutsamste Lernziel einer ökologischen Vegetationsgeographie. (Reichliche Literaturangaben).

Glässer, E.:
Stand und Probleme der Vegetationsgeographie
in: Geographische Rundschau, Jg. 23, S. 81–94, Braunschweig 1971

Die Rolle der bislang im geographischen Lehrbetrieb meist stiefmütterlich behandelten Vegetationsgeographie für landschaftsökologische Untersuchungen wird klar herausgestellt und daraus die Forderung nach einem Mindestwissen vegetationskundlich-ökologischer Arbeitsweisen auch für Nicht-Vegetationsgeographen abgeleitet. Das fünfseitige, nach Sachgebieten geordnete Literatur- und Kartenverzeichnis liefert einen sehr informativen Überblick über Arbeitsweisen und Forschungsergebnisse der Vegetationsgeographie (Allgemeine Vegetationsgeographie, Arealkunde und Vegetationskartierung, Wuchsformen und Pflanzenformationen, Pflanzensoziologie, Pflanzenökologie, Anthropogene Vegetation, Historisch-genetische Pflanzengeographie) sowie über die wichtigste regionale Literatur, jeweils geordnet nach den Vegetationszonen der Erde.

Haffner, W.:
Die Vegetationskarte als Ansatzpunkt zu landschaftsökologischen Untersuchungen
in: Erdkunde Bd. 22, Bonn 1968, S. 215–225

Huetz de Lemps, A.:
La Végétation de la Terre
Reihe: Initiation aux Études de Géographie
Paris 1970, 144 S., Masson et Cie

Im Anschluß an einen allgemeinen Teil (Les plantes et le milieu géographique) folgt die regionale Betrachtung der Vegetationsräume der Erde.

Ökologie der Wälder und Landschaften
herausgegeben von F.-K. Hartmann
Stuttgart, Gustav Fischer Verlag

Bd. I. Hartmann, F.-K. und Jahn, G.:
Waldgesellschaften des mitteleuropäischen Gebirgsraumes nördlich der Alpen, Tabellen, Grundlagen und Erläuterungen, 636 S. 1967

Bd. II. in Vorbereitung:
Waldgesellschaften der hochmontanen, montanen und kollinen Stufen in ihrer Bedeutung für Forstwirtschaft und Landeskultur

Bd. III. Mayer H.:
Wälder des Ostalpenraumes, ca. 400 S., Wien 1973

Bd. IV. Hartmann, F.-K. und Schnelle, F.:
Klimagrundlagen natürlicher Waldstufen und ihrer Waldgesellschaften in deutschen Mittelgebirgen

Bd. V. Mitteleuropäische Wälder
(Bildband zur Einführung in die Waldgesellschaften des Mittelgebirgsraumes und zu ihrer Bedeutung für Forstwirtschaft und Umwelt).

Reichelt, G. und Wilmanns, O.:

Vegetationsgeographie

Das Geographische Seminar, Praktische Arbeitsweisen
Braunschweig 1973, 208 S., G. Westermann Verlag

Die Vegetationsgeographie behandelt die Beziehungen der Pflanzen zu ihrer Umwelt unter geographischen Aspekten. Das Buch ist in zwei Hauptteile gegliedert. Die ersten vier Kapitel befassen sich mit den Pflanzensippen, den Wuchsformen und der Untersuchung ihrer Areale sowie ihrer Verbreitungsursachen. Der zweite Teil ist der Pflanzensoziologie (Vegetationskunde) als Lehre von den Gesellschaften und Formationen gewidmet.

Schmidt, G.:

Vegetationsgeographie auf ökologisch-soziologischer Grundlage

Einführung und Probleme
Leipzig 1969, 596 S. und Bildteil,
BSB B. G. Teubner Verlagsgesellschaft

Das Buch vermittelt die allgemeinen Grundzüge geographischer Betrachtung der Vegetation. Neben regionaler Beschreibung und Gliederung verschiedener Vegetationstypen und -komplexe unter Berücksichtigung von deren Lebensbedingungen werden auch die Methoden praktischer vegetationsgeographischer Geländearbeit diskutiert. Durch die Betonung pflanzensoziologischer Aspekte wird das Werk in besonderem Maße den landschaftsökologischen Belangen gerecht.
Im ersten Teil des Buches umreißt Verf. die wichtigsten Einzelgebiete der Geobotanik und führt die später benötigten Grundbegriffe ein. Dabei ist dieser Teil so ausführlich angelegt, daß er auch für einen Nichtbotaniker verständlich wird. Breiter Raum wird der ökologischen Betrachtungsweise eingeräumt.
Teil II bringt eine Darstellung der Vegetation Mitteleuropas, Teil III schließlich behandelt die Vegetationsgürtel der Erde.

Schmithüsen, J.:
Allgemeine Vegetationsgeographie
Lehrbuch der Allgemeinen Geographie IV
Berlin 1968 (3. Aufl.), 463 S., de Gruyter Verlag
Klar gegliedertes Lehrbuch, das die wesentlichen Erkenntnisse botanischer und pflanzensoziologischer Forschung in ihren geographischen Bezügen darstellt.

Schubert, R.:
Pflanzengeographie
Wissenschaftliche Taschenbücher,
Reihe: Biologie und Landwirtschaftswissenschaften, Bd. 35
Berlin (Ost) 1966, 296 S.

Strasburger, E. u. a.:
Lehrbuch der Botanik
Stuttgart 1971 (30. neubearbeitete Auflage), 842 S.
G. Fischer Verlag
Standardlehrbuch der Botanik, das bei Vertiefung in vegetationsgeographische Fragestellungen eine wertvolle Hilfe bietet.

Todt, D. und Lange, H.:
Die Pflanzen der Erde
Eine Bilddokumentation. Der Mensch in seiner Welt
Gütersloh 1974, 208 S., Bertelsmann
Populärwissenschaftliche Dokumentation der Pflanzenwelt mit hervorragenden Farbphotographien und instruktiven Diagrammen.

Troll, C.:
Die tropischen Gebirge
Ihre dreidimensionale klimatische und pflanzengeographische Zonierung
Bonner Geographische Abhandlungen, H. 25,
Bonn 1959, 93 S., F. Dümmlers-Verlag

Vegetationsmonographien der einzelnen Großräume
herausgegeben von H. Walter, Stuttgart-Hohenheim
Stuttgart 1965 ff., Gustav Fischer Verlag
Bd. I Knapp, R.: Die Vegetation von Nord- und Mittelamerika und der Hawaii-Inseln, 1965, 373 S.

Bd. II Hueck, K.: Die Wälder Südamerikas. Ökologie, Zusammensetzung und wirtschaftliche Bedeutung. 1966, 422 S.

Bd. IIa Hueck, K. und Seibert, P.: Vegetationskarte von Südamerika – Mapa de la Vegetation de America del Sud
1972, 71 Seiten zweisprachiger Erläuterungstext und eine mehrfarbige Karte

Bd. III Knapp, R.: Die Vegetation von Afrika unter Berücksichtigung von Umwelt, Entwicklung, Wirtschaft, Agrar- und Forstgeographie. 1973, 626 S.
Handbuch, wie es in Ausführlichkeit und Informationsmenge auf dem neuen Stand vegetationskundlicher Forschung in der Weltliteratur sonst nicht vorliegt. Außer Regenwäldern, Savannen, Hartlaubgehölzen, Steppen und anderen natürlichen bzw. halbnatürlichen Pflanzengesellschaften und deren Beziehungen zur ursprünglichen Tierwelt werden auch die Vegetationseinheiten der Anbauflächen und die Bedeutung von Kulturpflanzen eingehend behandelt. Für den Geographen besonders interessant ist die Berücksichtigung der Zusammenhänge zwischen Vegetation, Klima, Boden, Besiedlung in früherer und gegenwärtiger Zeit sowie den Grundlagen wirtschaftlicher Nutzungsmöglichkeiten.

In Vorbereitung sind die Bände:
Bd. IIc Cabrera: Die waldlosen Gebiete Südamerikas, Bd. IV Beadle: The Vegetation of Australia with Tasmania, Bd. V Ashton: The Vegetation of Tropical Asia with Indonesia and the Philippines and New Guinea, Bd. VI Miyawaki: The Vegetation of East Asia, Bd. VII Walter: Die Vegetation Osteuropas, Nord- und Zentralasiens, Bd. VIII Schröder: Die Vegetation Europas, einschließlich Baltikum und Azoren, Bd. IX Fosberg: Pacific Islands including New Zeeland, Bd. X Walter/Harnickel: Klimadiagrammkarten der einzelnen Großräume.

Walter, H.:
Allgemeine Geobotanik. Eine kurze Einführung
Stuttgart 1973, Uni-Taschenbücher 284, 256 S., Ulmer Verlag

Die preiswerte Einführung beruht auf der bekannten sechsbändigen „Einführung in die Phytologie“ des Verfassers. Der Stoff wird gegliedert in: Floristische Geobotanik oder Arealkunde, Historische Geobotanik, Zönologische Geobotanik, Ökologische Geobotanik. Die angeführten Beispiele stammen meist aus Mitteleuropa.

Walter, H.:
Arealkunde. Floristisch-historische Geobotanik
2. Aufl. bearb. von H. Straka
Stuttgart 1970, 478 S. Eugen Ulmer-Verlag

Walter, H.:
Die Vegetation der Erde –
in öko-physiologischer Betrachtung
Bd. I: Die tropischen und subtropischen Zonen
3. Aufl. 1974, 608 S.
Bd. II: Die gemäßigten und arktischen Zonen
1968, 1001 S.
Stuttgart, Gustav Fischer-Verlag

Bedeutendstes und für den Vegetationsgeographen unentbehrliches Handbuch dieser Art. Im Vordergrund stehen die den Geographen besonders interessierenden allgemein-ökologischen Gesichtspunkte, die den einzelnen Vegetationszonen gemeinsam sind. Ein einleitender Teil erläutert das Wesen der Pflanzengemeinschaften, Sukzessions- und Klimaxlehre sowie die Zusammenhänge von pflanzlichem Wettbewerb, Wüchsigkeit und Stoffproduktion. Ferner werden vereinfacht die Grundzüge der zonalen Klimagliederung sowie die klimatische Höhenstufung mitgeteilt.
Aufgrund der für die gemäßigten Zonen zahlreich vorliegenden verwertbaren Einzeluntersuchungen versucht Verf. in Bd. II eine Gesamtübersicht der öko-physiologischen Beziehungen zwischen Pflanzendecke der Erde und ihrer Umwelt zu geben.

Walter, H.:
Vegetationszonen und Klima –
kurze Darstellung in kausaler und kontinentaler Sicht
Stuttgart 1970, 244 S., UTB 14 Ulmer Verlag

Kurzfassung des vom gleichen Verfasser stammenden zweibändigen Werkes „Die Vegetation der Erde in öko-physiologischer Betrachtung". Die enge Verwandtschaft zwischen Öko-Physiologie auf der einen und geoökologisch-vegetationsgeographischen Fragestellungen auf der anderen macht das Taschenbuch für den Geographen sehr lesenswert. Auch die Öko-Physiologie ist wie die Geographie weitgehend auf Untersuchungen im Gelände angewiesen. Das Buch widmet sich nicht der Vegetation an sich, sondern sieht diese immer im Zusammenhang mit ihrer Umwelt, wozu außer klimatischen und bodenkundlichen Faktoren auch der wirtschaftende Mensch als bedeutsamer Faktor gehört. Nirgends wird man z. B. kürzer und verständlicher, aber dennoch präzise in die ökologischen Zusammenhänge anthropogen verursachter Verbuschung in der Savanne informiert. Für den Geographen besonders wertvoll sind die Informationen im Hinblick auf die Ökologie der Landschaftgürtel der Erde. Das übersichtlich gegliederte Buch beginnt die Behandlung jeder Klima- bzw. Vegetationszone mit der Vorstellung der ökologisch bedeutsamen Klimafaktoren, wozu die Walter'schen Klimadiagramme des Klimadiagramm-Weltatlas wertvolles Anschauungsmaterial bieten. Besonders interessant sind die ebenfalls in jedem Kapitel angestellten Überlegungen zum Stoffhaushalt und zur Produktivität der jeweiligen

Pflanzendecke. Das mit Bildmaterial und Diagrammen reichhaltig ausgestattete Buch ist jedem Geographen sehr zu empfehlen. Daran ändert auch das fehlende Literaturverzeichnis wenig.

Winkler, S.:
Einführung in die Pflanzenökologie
Stuttgart 1973, 220 S., UTB Nr. 169 (Universitätstaschenbuch), Gustav-Fischer-Verlag

Darstellung der Wechselwirkung zwischen biologischen Systemen und Faktoren der Umwelt, gegliedert in Synökologie, Autökologie und Populationsökologie. Durch anschauliche Abbildungen und übersichtliche Tabellen ergänzt, wird mit diesem Buch ein erster Einblick in die Ökologie aus botanischer Sicht vermittelt. Viele Fragestellungen sind dabei auch für den Vegetationsgeographen von Interesse.

2.6 Allgemeine Anthropogeographie

Bartels, D. (Hrsg.):
Wirtschafts- und Sozialgeographie
Köln, Berlin 1970, 485 S., Kiepenheuer und Witsch
(siehe 2.6.7 – Bartels, D.: Wirtschafts- u. Sozialgeographie)

Cox, K. R.:
Man, Location and Behavior:
An Introduction to Human Geography
New York, London, Sydney, Toronto 1972, 399 S., John Wiley & Sons

Derruau, M.:
Nouveau Précis de Géographie Humaine
Paris 1969, 576 S., Armand Colin

Dicken, S. N.; Pitts, F. R.:
Introduction to Human Geography
New York, Toronto, London 1963, 468 S., Blaisdell Publ. Co.
Textbuch für amerikanische Hochschulanfänger.

George, P.:
L'Action Humaine, Etude Géographique,
Coll. „Le Geographe" No. 1
Paris 1968, 246 S., Presses Universitaires

Abrißhafte Geographie des Menschen. Geographie wird als „Studium der Dynamik des vom Menschen geprägten Raumes" definiert. Das Werk ist gegliedert in die Teile: Nicht vom Menschen organisierter Raum, ländlicher Raum, industrieller Raum. Das Schlußkapitel widmet Verf. den großen Problemen (z. B. Bevölkerungsdruck, Entwicklung der Verkehrssysteme) und den großen Aktionszentren.

Haggett, P.:
Einführung in die kultur- und sozialgeographische Regionalanalyse
Berlin, New York 1973, 414 S., de Gruyter Verlag

Titel der Originalausgabe: Locational Analysis in Human Geography. Wissenschaftstheoretisch moderne Gesamtkonzeption des methodischen Apparates geographischer Regionalanalyse, die sich mit Sicherheit zum Standardlehrbuch nicht nur sozialgeographisch interessierter Studenten entwickeln dürfte. Im ersten Teil des Buches „Modelle räumlicher Verteilungen" versucht Verf., umfassende Theorien für die räumliche Verteilung und Verknüpfung menschlicher Aktivitäten sowie deren materielle Auswirkungen in der Landschaft aufzustellen. Teil 2 „Methoden räumlicher Analyse" behandelt das Instrumentarium zur räumlichen Ordnung des Beobachtungsmaterials und zur Erfassung von Gesetzmäßigkeiten. Zwar sind zum Verständnis des Werkes keine besonderen mathematischen Vorkenntnisse erforderlich, doch verkürzt eine Vertrautheit mit statistischen Methoden die Lektüre erheblich.
Der insgesamt hohe Abstraktionsgrad des Buches wird durch die Behandlung anschaulicher, auf heutige Probleme bezogener Beispiele nicht unwesentlich aufgelockert.

Haggett, P. und Chorley, R. J.:
Network Analysis in Geography
London 1969, 348 S., Edward Arnold

(siehe 2.3 – Haggett, P. und Chorley, R. J.)

Hambloch, H.:
Allgemeine Anthropogeographie
Erdkundliches Wissen H. 31,
Wiesbaden 1972, 192 S., Franz Steiner Verlag

Das Lehrbuch gestattet einen ersten Überblick über Begriffe, Fragestellungen, Methoden und Ergebnisse der wichtigsten Zweige der Geographie des

Menschen. Die gut ausgewählten Beispiele erleichtern den Einstieg in die Probleme des Gesamtbereiches. 14 Seiten Literaturnachweise bieten die Möglichkeit zur Vertiefung in einzelne Stoffkreise. Auch die neuere angelsächsische Literatur ist gebührend berücksichtigt.

James, P. E.:
A Geography of Man
Walham Mass., Toronto, London 1966, 581 S.,
Blaisdell Publishing Company

Amerikanisches Textbuch, das in klarer, knapper Form nicht nur in die Geographie des Menschen einführt, sondern auch einen Abriß der Kartographie, Klimatologie und Morphologie liefert.

Lebon, J. H. G.:
An Introduction to Human Geography
(Hutchinson University Library) London 1969, 212 S.,
(als Taschenbuch erhältlich)

Nach einer Behandlung des Inhaltes der Human Geography, die in etwa der deutschen Kulturgeographie mit Einschluß der Sozialgeographie entspricht, wird die Entwicklung von fünf „major human societies" in ihrem Verhältnis zu ihrem Lebensraum und zur übrigen Menschheit dargestellt. Besondere Berücksichtigung finden die heutigen Probleme, wie z. B. Stadt- und Landesplanung und das Aufeinandertreffen unterschiedlicher Zivilisationsgruppen.

Spencer, J. E.; Thomas, W. L.:
Introducing Cultural Geography
New York 1973, 409 S., John Wiley & Sons

Wagner, J.:
Kulturgeographie, Harms Erdkunde
München 1955, 400 S., Paul List Verlag

Lehrerhandbuch,
(siehe 1.4 – Harms Handbuch)

2.6.1 Hilfs- und Nachbarwissenschaften der Anthropogeographie

2.6.1.1 Wirtschafts- und Verkehrswissenschaften

Andreae, B.:
Wirtschaftslehre des Ackerbaues
Betriebswirtschaftliche Grundsätze beim Aufbau einer zeitgemäßen Feldwirtschaft und Fruchtfolge
2. Aufl., Stuttgart 1968, 297 S., Verlag Eugen Ulmer

In erster Linie für den Landwirt geschriebenes Buch. Den Geographen dürften insbesondere die Kapitel über Formen des Fruchtwechsels sowie die Ausführungen über Anpassungsschwierigkeiten der deutschen Landwirtschaft in Bezug auf die Europäische Gemeinschaft interessieren.

Handbuch der Entwicklungshilfe
herausgegeben von: Havemann, H. A. und Kraus, W.
Baden-Baden 1960 ff. (Fortsetzungswerk in Loseblattform), Nomos Verlagsgesellschaft

Das Handbuch bietet aktuelle und übersichtliche Information über die mit der Entwicklungshilfe zusammenhängenden Fragen. Inhalt: I. Die Entwicklungsländer (in alphabetischer Reihenfolge), II. Entwicklungshilfe der Industrieländer, III. Internationale Entwicklungshilfe.

Methoden der empirischen Regionalforschung (1. Teil)
Veröffentlichungen der Akademie für Raumforschung und Landesplanung; Forschungs- und Sitzungsberichte Bd. 87
Laatzen/Hannover 1973, 230 S., Gebrüder Jänecke Verlag

(siehe 2.7 – Methoden der empirischen Regionalforschung)

Wurm, F.:
Wirtschaft und Gesellschaft heute, Fakten und Tendenzen
Opladen 1972, 208 S., Leske Verlag

Darstellung der heutigen gesellschaftlich-ökonomischen Situation und ihrer Entwicklung im Industriezeitalter.

2.6.1.2 Sozialwissenschaften

Bernsdorf, W. (Hrsg.):
Wörterbuch der Soziologie
Stuttgart 1960, jetzt auch als
Fischer Handbuch (FH 6131, 6132, 6133)
3 Bde. Frankfurt/M., Fischer Bücherei

Diederich, J.:
Soziographie und Städtebau –
mit Ergebnissen soziographischer Untersuchungen in der
in der Stadt Hanau
Schriftenreihe: Stadt- und Regionalplanung,
herausgegeben von P. Koller und J. Diederich
Berlin, New York 1971, 138 S., Walter de Gruyter Verlag
(siehe 2.6.8.1 – Diederich, J.)

Karmasin, F.; Karmasin, H.:
Einführung in Methoden und Probleme der Umfrageforschung
Böhlaus Wissenschaftliche Bibliothek,
herausgegeben von Jakobus Wössner
Graz 1973, ca. 280 S., Böhlau-Verlag

König, R.:
Soziale Gruppen
in: Geographische Rundschau, Braunschweig 1969, H. 1, S. 2–10
Der Aufsatz behandelt die Beziehungen und Kooperationsmöglichkeiten zwischen Geographie und Soziologie.

König, R.:
Soziologie
Das Fischer-Lexikon
Frankfurt/M. 1967, 396 S., Fischer Taschenbuch Verlag GmbH
„Die Soziologie analysiert das Gefüge der Gesellschaft und das Wechselspiel der in ihr waltenden Kräfte, Anschauungen, Konventionen und Vorurteile" (aus der Einleitung des Lexikons). Den Geographen interessieren die aus diesem Kräftegefüge resultierenden raumrelevanten Prozesse und räumlichen Auswirkungen. Insbesondere der Sozialgeograph wird für den kurzen, aber präzisen Überblick dankbar sein, den das Fischer-Lexikon Soziologie bietet.

Opp, K. D.:
Methodologie der Sozialwissenschaften
Hamburg 1970, Rowohlts deutsche Enzyklopädie, Nr. 339–341

2.6.1.3 Völkerkunde

Die neue große Völkerkunde
Völker und Kulturen der Erde in Wort und Bild
Hrsg. von Bernatzik, H. A.
Köln 1968, 976 S., Verlag Buch und Zeit

Tischner, H. (Hrsg.):
Völkerkunde. Das Fischer Lexikon 13
Frankfurt/M. 1959, 370 S., Fischer Bücherei

Hirschberg, W. (Hrsg.):
Wörterbuch der Völkerkunde
(Kröners Taschenausgabe 205)
Stuttgart 1965, 508 S., Kröner Verlag

2.6.2 Physische Anthropogeographie

(siehe auch: 2.5.2.:
Geoökologie, geographische Umweltforschung)

Barthel, H.:
Braunkohlenbergbau und Landschaftsdynamik
Ein Beitrag zum Problem der Beeinflussung der Kulturlandschaft in den Braunkohlenrevieren, dargestellt am Beispiel des Zeitz-Weißenfelder Reviers
Gotha 1962, 300 S., VEB Hermann Haack
(siehe 2.5.2 – Barthel, H.)

Buchwaldt, K. und Engelhardt, W. (Hrsg.):
Handbuch für Landschaftspflege und Naturschutz
Schutz, Pflege und Entwicklung unserer Wirtschafts- und Erholungslandschaften auf ökologischer Grundlage, 4 Bde.
München, Basel, Wien 1968–1969, Bayer. Landwirtschaftsverlag
(siehe 2.7 – Buchwaldt, K.)

Ehrlich, Paul R. and Ehrlich Anne H.:
Population-Resources-Environment
Issues in Human Ecology
2nd ed. 1972 San Francisco, 509 S., W. H. Freemann and Co.
Populärwissenschaftliches Werk, das ausgehend von der Bevölkerungsexplosion und der zunehmenden Gefährdung menschlichen Lebens durch übermäßige Belastung der Ökosysteme unserer Erde auch zu Fragen der Tragfähigkeit, der Geburtenkontrolle sowie des sozialen, politischen und ökonomischen Hintergrundes kritisch Stellung nimmt.

Engelhardt, W.:
Umweltschutz
Gefährdung und Schutz der natürlichen Umwelt des Menschen
München 1973, 192 S., Bayerischer Schulbuchverlag
(siehe 2.5.2 – Engelhardt, W.)

Haase, J. und Haase, G.:
Die Mensch-Umwelt-Problematik
Gedanken zum Ausgangspunkt und zum Beitrag der geographischen Forschung
in: Geographische Berichte, 16. Jg., Berlin 1971, S. 243–270
(siehe 2.5.2 – Haase, J. und Haase, G.)

Inadvertent Climate Modification
Report of the Study of Man's Impact on Climate (SMIC)
Cambridge, Mass., London 1971, 308 S., The MIT-Press
(siehe 2.5.4 – Inadvertent . . .)

Machann, R. und Semmel, A.:
Historische Bodenerosion auf Wüstungen deutscher Mittelgebirge
in: Geographische Zeitschrift, Jg. 58, 1970, S. 250–266
Verf. erläutern an Beispielen die Bedeutung von anthropogen verursachten Bodenprofilverkürzungen unter Waldland für die Wüstungsforschung.

Man and the Ecosphere
with commentaries by Ehrlich, P. R.; Holdren, J. P.; Holm, R. W.
Readings from Scientific American
San Francisco 1971, 307 S., W. H. Freeman and Company
(siehe 2.5.2 – Man and the Ecosphere)

Manshard, W. und Fischnich, E. (Hrsg.):
Geoforum 1972
Heft 10, „Man and Environment“, 108 S., Braunschweig
(siehe 2.5.2 – Manshard, W.)

Paffen, K. H.:
Stellung und Bedeutung der physischen Anthropogeographie
Reihe „Libelli“ Bd. CXLV,
Darmstadt 1969, 54 S., Wissenschaftliche Buchgesellschaft

Physische Anthropogeographie wird als ein Bindeglied zwischen Biogeographie und Anthropogeographie verstanden. Sie behandelt die Probleme, „die aus der geographischen Betrachtung des Naturwesens Mensch im geographischen Raum erwachsen“. Das Kapitel „Standortpathologie des Menschen“ ist im Zeitalter der Umweltgefährdung von hoher Aktualität.

Rathjens, C.:
Mensch und Umwelt
Bemerkungen zur Tätigkeit der IGU-Kommission
„Man and Environment“
in: Geographische Zeitschrift, 61. Jg., 1973, S. 47–52

Thomas, W. L.:
Man's Role in Changing the Face of the Earth
London 1970, 1193 S., The University of Chicago Press

2.6.3 Historische Geographie

Jäger, H.:
Historische Geographie
Das Geographische Seminar
Braunschweig 1969, 120 S., G. Westermann Verlag

Verf. behandelt die Rolle des historischen Elementes für die Erklärung der heutigen Erscheinung der Erdoberfläche. Daneben werden ein kurzer Abriß der Forschungsgeschichte und ein Überblick über Methoden und Arbeitsverfahren – insbesondere die historische Feldforschung – geliefert. (reichhaltiges Literaturverzeichnis)

Neef, E.:
Über die Veränderlichkeit unserer geographischen Umwelt
Berichte über die Verhandlungen der Sächsischen Akademie der Wissenschaften zu Leipzig. Mathematisch-Naturwissenschaftliche Klasse, Bd. 103, H. 4
Berlin 1959, 19 S., Akademie Verlag

Zusammenstellung interessanter Beispiele, die auf einen Zusammenhang zwischen jüngeren und jüngsten Klimamodifikationen und menschlicher Wirtschafts-, Siedlungs- und Kulturgeschichte hinweisen.

2.6.4 Politische Geographie

Boesler, K.-A.:
Kulturlandschaftswandel durch raumwirksame Staatstätigkeit
Abhandl. d. 1. Geogr. Inst. d. Freien Universität Berlin, Bd. 12, Berlin 1969, 245 S.

Verf. untersucht die auf unterschiedlichen Motiven beruhende Einflußnahme der öffentlichen Hand auf die sozioökonomische Entwicklung in sieben Teilräumen ausgewählter Notstandsgebiete an der bayerisch-tschechischen Grenze, im mittleren Schwarzwald und im Rheinischen Schiefergebirge. Sehr deutlich wird dabei herausgestellt, welchen Beitrag der Geograph in der Regional- und Landesplanung zu leisten hat.

Fochler-Hauke, G.:
Das politische Erdbild der Gegenwart
Völker und Staaten der „Dritten Welt“
Afrika, Orient, Vorderasien, Südostasien, Lateinamerika
Berlin 1968, 408 S., Safari Verlag

Versuch eines wissenschaftlich fundierten Überblicks der politischen Räume, Strukturen und Kräfte, die zum Verständnis der Lebensprobleme der „Dritten Welt“ beitragen. Besondere Beachtung verdient die Ansicht des Verfassers, daß die heutigen Ost-West-Auseinandersetzungen in Zukunft an Bedeutung durch die Nord-Süd-Gegensätze zwischen den Industrieländern der Nordhemisphäre und den Entwicklungsländern südlich davon übertroffen werden.

Fochler-Hauke, G.:
Das politische Erdbild der Gegenwart
Bd. II: Die Machtblöcke des Ostens. China, Japan, Sowjetunion. Macht und Wirtschaft zwischen Ostsee und Pazifik
Berlin 1970, 366 S., Safari Verlag

In Band II werden außer den im Titel genannten Staaten auch Korea, die Mongolei, Hongkong und Macao behandelt.

Kasperson, R. E. and J. v. Minghi (Hrsg.):
The Structure of Political Geography
Chicago 1969, 527 S., Aldine Publishing Company

Sammlung von 40 z. T. sehr anregenden Beiträgen zur politischen Geographie. Der im Titel und in der Einleitung geäußerten Absicht, Einblick in die Struktur der politischen Geographie zu geben, werden die Aufsätze verschiedenster Zeiten und Denkhaltungen jedoch kaum gerecht. Im Anhang finden sich nützliche Literaturhinweise, die sich jedoch fast durchweg auf angelsächsische Arbeiten beschränken.

Maull, O.:
Politische Geographie
Berlin 1956, 523 S., Safari Verlag

Schwind, M.:
Allgemeine Staatengeographie
Lehrbuch der Allgemeinen Geographie VIII
Berlin 1972, 585 S., de Gruyter Verlag

Das Buch untersucht die Frage nach der raumwirksamen Tätigkeit jedweden Staates. Teil I behandelt die geographische Umwelt als Herausforderung an den Staat, Teil II den Staat als Träger landschaftsprägender Funktionen, Teil III den Staat als landschaftsprägende Kraft.

Schwind, M.:
Die Aufgaben einer politischen Geographie in neuer Sicht
in: Geographische Rundschau 22. Jg. 1970, S. 97–103

Unter staatengeographischer Arbeit versteht Verf. den Versuch, im Sinne der Dominantenlehre die Staaten nach der Intensität ihrer landschaftlichen Prägekräfte zu typisieren.

2.6.5 Bevölkerungsgeographie

Beaujeu-Garnier, J.:
Geography of Population
Pinnacles, Harlow, Essex 1966, 386 S., Longman-Verlag

George, P.:
Géographie de la population
Sammlung „Que sais je? “, No. 1187,
Paris 1965, 126 S., Presses Universitaires

Verständliche Einführung in die Bevölkerungsgeographie. Teil I analysiert die Bevölkerungsverteilung auf der Erde, Teil II widmet sich den bevölkerungsgeographischen Entwicklungsaussichten und Wanderungen.

Trewartha, G. T.:
A Geography of Population. World Patterns
New York/London/Sydney/Toronto 1969, 186 S.,
John Wiley & Sons Inc.

Allgemeine Bevölkerungsgeographie, die durch zwei Bände über regionale Bevölkerungsgeographie ergänzt werden soll. Der vorliegende Band erörtert geographische Differenzierung, Strukturen und Eigenarten der Bevölkerung sowie Bevölkerungsdynamik.

Witthauer, K.:
Bevölkerungszahlen im Wandel. Lawine oder Aufgabe?
Geographische Bausteine, Neue Reihe, H. 7
Gotha, Leipzig 1971, 165 S., VEB Hermann Haack

Bevölkerungsgeographische Analyse, die einer Vielfalt von Fragestellungen bzgl. Dynamik und Verteilung der Erdbevölkerung gerecht wird. U. a. wagt Witthauer Prognosen für die Entwicklung der Weltbevölkerung für das kommende Jahrhundert.

Witthauer, K.:
Verteilung und Dynamik der Erdbevölkerung
Ergänzungsheft Nr. 272 zu Petermanns
Geographische Mitteilungen,
Leipzig 1969, 555 S., VEB Hermann Haack

Auf die Einleitung mit Begriffsdefinitionen, Behandlung von Zähl- und Schätzmethoden sowie Prognosen über die zukünftige Bevölkerungsentwicklung folgen die Ländertabellen (365 S.) mit Angaben über Fläche, Dichte, Zuwachsraten in zeitlicher und regionaler Gliederung. Die Angaben reichen z. T. bis zum Jahr 1967.

2.6.6 Sozialgeographie

(siehe auch 2.6.7: Wirtschaftsgeographie)

Bartels, D. (Hrsg.):
Wirtschafts- und Sozialgeographie
Neue wissenschaftliche Bibliothek Bd. 35
Köln, Berlin 1970, 485 S., Kiepenheuer & Witsch
(siehe 2.6.7 – Bartels, D.)

Born, M.:
Wüstungen und Sozialbrache
in: Erdkunde XXII, S. 145–151, 1968 Bonn
(siehe 2.6.8 – Born, M.)

Ganser, K.:
Image als entwicklungsbestimmendes Steuerungsinstrument
in: Stadtbauwelt 1970, S. 204–209

Ganser, K.:
Sozialgeographische Gliederung der Stadt München aufgrund der Verhaltensweisen der Bevölkerung bei politischen Wahlen
Müncher Geographische Hefte, H. 28, 129 S.
Kallmünz/Regensburg 1966, Verlag Michael Laßleben

Musterbeispiel für sozialgeographische Untersuchungsmethoden. Vf. weist eine Korrelation zwischen Wahlverhalten und sozialen Faktoren verschiedener Bevölkerungsteile nach und gelangt auf diese Weise zu einer räumlichen Viertelsgliederung Münchens. Methodisch von hohem Wert ist die Vielzahl vorgeführter Auswertungsmöglichkeiten der Wahlergebnisse.

Haggett, P.:
Einführung in die kultur- und sozialgeographische Regionalanalyse
Berlin, New York 1973, 414 S., de Gruyter Verlag
(siehe 2.6 – Haggett, P.)

Klingbeil, D.:
Zur sozialgeographischen Theorie und Erfassung des täglichen Berufspendelns
in: Geographische Zeitschrift, Jg. 57,
Wiesbaden 1969, S. 108–131

Beitrag zur Theorie der sozialräumlichen Mobilität mit einer Typologie der Pendlerräume

Krysmanski, R.:
Bodenbezogenes Verhalten in der Industriegesellschaft
Münster 1967, 277 S.

(siehe 2.6.8.1 – Krysmanski, R.)

Leng, G.:
Zur „Münchner" Konzeption der Sozialgeographie
in: Geographische Zeitschrift, 61. Jg., H. 2,
Wiesbaden 1973, S. 121–134

Kritische Auseinandersetzung mit der Konzeption von Ruppert und Schaffer, die zu dem Ergebnis führt, daß die Sozialgeographie in der Konzeption von Ruppert und Schaffer ihrem Anspruch, „Wissenschaft von der räumlichen Organisation des Lebens der Gesellschaft" zu sein, nicht voll genügen kann, weil dies von ihrem methodischen Ansatz her – Raumverhalten von Individuen – nicht zu leisten ist.

Matznetter, J. (Hrsg.):
Studies in the Geography of Tourism
Frankfurter Wirtschafts- und Sozialgeographische Schriften, Heft 17
Frankfurt 1974, 348 S., Selbstverlag Seminar für
Wirtschaftsgeographie der J. W. Goethe-Universität

Sammlung von „Papers read and submitted for the working Conference of the IGU Working Group Geography of Tourism and Recreation".

Otremba, E.:
Soziale Räume
in: Geographische Rundschau, Braunschweig 1969, H. 1, S. 10–14

Kritische Stellungnahme zur Sozialgeographie als neuer geographischer Disziplin.

Ritter, W.:
Fremdenverkehr in Europa,
eine wirtschafts- und sozialgeographische Untersuchung über Reisen und Urlaubsaufenthalte der Bewohner Europas
Europäische Aspekte (eine Schriftenreihe zur europäischen Integration) Reihe A Nr. 8, 250 S., A. W. Sijthoff Verlag, Leiden 1966
Erster Versuch einer Geographie des Fremdenverkehrs.

Ruppert, K. (Hrsg.):
Der Tourismus und seine Perspektiven für Südosteuropa
WGI – Berichte zur Regionalforschung, H. 6
München 1971, 186 S., Wirtschaftsgeographisches Institut

Ruppert, K.:
Zur Stellung und Gliederung einer Allgemeinen Geographie des Freizeitverhaltens
in: Geographische Rundschau Jg. 27, H. 1, S. 1–6
Braunschweig 1975, Westermann

Ruppert, K.; Maier, J. (Hrsg.):
Zur Geographie des Freizeitverhaltens
Beiträge zur Fremdenverkehrsgeographie
Münchner Studien zur Sozial- und Wirtschaftsgeographie Bd. 6
Kallmünz/Regensburg 1970, 90 S., M. Laßleben Verlag

Ruppert, K. und Schaffer, F.:
Zur Konzeption der Sozialgeographie
in: Geographische Rundschau 1969, S. 205–214, Braunschweig
auch in: Dreißig Texte zur Didaktik der Geographie, S. 179–199, Braunschweig 1971
Aus einer Diskussion wichtiger Entwicklungsphasen der Anthropogeographie werden Konzeption und Werdegang der Sozialgeographie (der Münchener Schule) entwickelt. Die Sozialgeographie wird als „neue Anthropogeographie" vorgestellt, denn „jede Anthropogeographie, die an den Erkenntnissen der modernen Sozialwissenschaften nicht vorbeigehen will, kann letztlich nur eine Geographie menschlicher Gruppen, d. h. Sozialgeographie sein". Inwiefern die Sozialgeographie dem hohen Anspruch, integrierendes Prinzip der gesamten Anthropogeographie zu sein, genügen kann bzw. ob sich alles räumliche Geschehen sozial relativieren läßt, wird in dem mehr thesenhaften, kurzen Aufsatz nicht dargelegt.
Vergl. auch: 2.6.6 – Leng, G.: Zur Münchener Konzeption der Sozialgeographie

Ruppert, K. u. F. Schaffer:
Sozialgeographische Aspekte urbanisierter Lebensformen
„Ver. d. Akad. f. Raumforschung u. Landesplanung", Bd. 68,
Hannover 1973, 52 S., Gebr. Jänecke

Am Beispiel süddeutscher Raumstrukturen werden typische Abläufe im Urbanisierungsprozeß verdeutlicht.

Schaffer, F.:
Untersuchungen zur sozialgeographischen Situation und regionalen Mobilität in neuen Großwohngebieten am Beispiel Ulm-Eselsberg
Münchner Geographische Hefte, H. 32,
Kallmünz/Regensburg 1968, 150 S., Verlag Michael Laßleben

Verf. untersuchte eines der zahlreichen, nach dem letzten Kriege am Rande von Mittel- und Großstädten entstandenen Wohngebiete. Nach der Beleuchtung des sozialpsychologischen Hintergrundes folgt die Untersuchung der Sozialgruppenverteilung, die Erfassung der wichtigsten sozialgeographischen Prozesse und die Beschreibung der Lebensformen und Verhaltensweisen der Bewohner von Ulm-Eselsberg. Der besondere Wert dieser regionalen Studie liegt in der Übertragbarkeit vieler methodischer Ansätze. Sie zählt zur Standardliteratur sozialgeographischer Einführungsveranstaltungen.

Schrettenbrunner, H.:
Gastarbeiter – ein europäisches Problem aus der Sicht der Herkunftsländer und der Bundesrepublik Deutschland
Themen zur Geographie und zur Gemeinschaftskunde
Frankfurt/M. 1971, 140 S., Diesterweg/Salle

Steinberg, H. G.:
Methoden der Sozialgeographie und ihre Bedeutung für die Regionalplanung
Beiträge zur Raumplanung, Bd. 2
Köln/Berlin/Bonn/München 1967, 90 S., Carl Heymanns Verlag KG

Storkebaum, W. (Hrsg.):
Sozialgeographie
Wege der Forschung, Bd. LIX,
Darmstadt 1969, 530 S., Wissenschaftliche Buchgesellschaft

Eine Sammlung deutschsprachiger sozialgeographischer Artikel vorwiegend aus den 50er und 60er Jahren. Die Aufsätze sind eingeordnet in die

Abschnitte: I. Die Sozialgeographie im System der Geographie, II. Die sozialgeographische Betrachtungsweise (methodische Aspekte), III. Schwerpunkte sozialgeographischer Untersuchung: a) Indizes, Kräfte und Prozesse – Bausteine einer anthropogeographischen Kräftelehre, b) Die Sozialgruppe in der geographischen Betrachtung: Besitz-, Konfessions- und Berufsstruktur, Lebensformgruppen.
Gemeinsam mit der von Bartels (1970) herausgegebenen Wirtschafts- und Sozialgeographie vermittelt die Zusammenstellung einen guten Überblick über die Entwicklung und die heute immer noch nicht abgeschlossene Diskussion um Gegenstand und Methode der Sozialgeographie.

Thomale, E.:
Sozialgeographie
Eine disziplingeschichtliche Untersuchung zur Entwicklung der Anthropogeographie. Mit einer Bibliographie
Marburg 1972, Marburger geographische Schriften H. 53, 363 S.
(siehe 2.1 – Thomale, E.)

Zum Standort der Sozialgeographie
Wolfgang Hartke zum 60. Geburtstag
Beiträge zusammengestellt von K. Ruppert
Müncher Studien zur Sozial- und Wirtschaftsgeographie, Bd. 4
Kallmünz/Regensburg 1968, 207 S., Verlag Michael Laßleben
Festschrift mit Stellungnahmen und Einzelarbeiten zur Sozialgeographie u. a. mit Beiträgen von H. Bobek, F. Schaffer, K. Ruppert, M. Derruau, R. Geipel, H. J. Keuming und P. Schöller. Der Band berührt fast alle wesentlichen Forschungsansätze der Sozialgeographie.

2.6.7 Wirtschaftsgeographie

(siehe auch 2.6.6: Sozialgeographie)

Alexander, J. W.:
Economic Geography
Englewood Cliffs N. J. 1963, 661 S., Prentice Hall

Baade, F.:
Dynamische Weltwirtschaft
München 1968 (Harms Handbuch), 503 S., List-Verlag
Überblick über die Weltwirtschaft mit starker Berücksichtigung der wirtschaftlichen Bewegungskräfte. Inhalt u. a.: Entwicklung der Weltwirtschaft, Welternährungswirtschaft, Weltenergiewirtschaft, Weltrohstoffwirtschaft, Weltverkehrswirtschaft, Ausblick auf die Industrialisierung der Welt.

Bartels, D. (Hrsg.):

Wirtschafts- und Sozialgeographie

Neue wissenschaftliche Bibliothek Bd. 35
Köln, Berlin 1970, 485 S., Kiepenheuer & Witsch

Sammlung von 25 Aufsätzen zwischen 1955 und 1968, die die unterschiedliche fachliche Entwicklung inner- und außerhalb Deutschlands deutlich machen soll. Die Einleitung von Bartels behandelt Grundfragen geographischer Modellbildung sowie Wesen und Werdegang der Wirtschafts- und Sozialgeographie. Teil I (4 Aufsätze) betrifft wissenschaftstheoretische Fortschritte, Teil II moderne Forschungsansätze (u. a. D. Stoddart: Die Geographie und der ökologische Ansatz", W. Hartke: Gedanken über die Bestimmung von Räumen gleichen sozialgeographischen Verhaltens, G. Olsson: Zentralörtliche Systeme, räumliche Interaktion und stochastische Prozesse) und Regionalisierung als Begriffsbildungsverfahren. Spezifische Beobachtungs- und Aufbereitungstechniken wie etwa Luftbildinterpretation oder Großstadtökologie oder Einsatz von Computern in der Geographie werden in Teil IV, Einzelbeispiele empirischer Forschung in Teil V besprochen. Teil VI wendet sich der Aufgabe des Faches zu. Der Definition der Sozialgeographie durch Hartke werden Aufsätze über den Wandel der Beziehungen zwischen Wirtschaftswissenschaft und Wirtschaftsgeographie (R. B. McNee), Geographie als sozialwissenschaftliche Disziplin (P. Claval) und Regionalforschung (W. Isard und T. A. Reiner) zugeordnet. Den Abschluß bildet ein programmatischer Beitrag aus der Müncher Schule über die Konzeption der Sozialgeographie (F. Schaffer).
Die verdienstvolle Auswahl und Kommentierung der Beiträge macht deutlich, wie notwendig für viele deutsche Geographen die kritische Auseinandersetzung mit den neuen Strömungen internationaler geographischer Forschung ist, will man nicht hoffnungslos zurückhängen. Der Titel der Sammlung sollte diejenigen nicht abschrecken, die nicht speziell an Wirtschafts- und Sozialgeographie interessiert sind. Ohne Zweifel geht dieses Buch jeden an, der sich überhaupt mit Geographie beschäftigt. Den Abschluß des Buches bildet eine 18seitige Bibliographie, aufgeteilt in Grundlektüre mit Anführung der klassischen Arbeiten, Zeitschriften und neuere ausgewählte Veröffentlichungen aus der Wirtschafts- und Sozialgeographie und ihrem Umkreis zur Entwicklung der Theorie und Methodik des Faches.

Bartz, F.:

Die großen Fischereiräume der Welt

3 Bände, Wiesbaden, Steiner Verlag,
Bibliothek Geographischer Handbücher
Bd. I Atlantisches Europa und Mittelmeer, 461 S., 1964
Bd. II Asien mit Einschluß der Sowjetunion, 594 S., 1965
Bd. III Neue Welt und südliche Halbkugel, 800 S., 1974

Wer Informationen über einzelne Fischereiräume, Betriebsarten der Fischerei, volkswirtschaftliche Bedeutung, soziale Lage der Fischer sucht, wird diese reichlich finden. Dies gilt weniger für die zu knappe Behandlung der biologisch-ökologischen Grundlagen der Fischerei.

Boesch, H.:
Weltwirtschaftsgeographie
Braunschweig 1972, 312 S., G. Westermann Verlag

Das Buch stellt an gut ausgewählten Beispielen insbesondere strukturelle und funktionale Gesichtspunkte heraus. Zum Inhalt: Nahrung für die Weltbevölkerung – Die Nutzung des Landes – Weltwirtschaftsgüter – Geographische Untersuchungsmethoden – Die Industrialisierung – Die Energie – Die wichtigsten Industriezweige – Fragen der Verstädterung – Erholung und Fremdenverkehr – Welthandel.

Chisholm, M.:
Geography and Economics
Bell's Advanced Economic Geographies
London 1970, 270 S., G. Bell and Sons

Eines der Hauptanliegen des Buches ist es, dem geographischen Leser die Bedeutung wirtschaftswissenschaftlicher Gesichtspunkte zum Verständnis des Wirtschaftsraumes darzulegen. Dies geschieht in klarer und anregender Form hauptsächlich auf dem industriewirtschaftlichen Sektor.

Chorley, R. J. (Hrsg.):
Water, Earth, and Man
A Synthesis of Hydrology, Geomorphology, and Socio-Economic Geography
London 1969, 588 S., Verlag Methuen & Co.
(siehe 2.5.5 – Chorley, R. J.)

Fels, E.:
Der wirtschaftende Mensch als Gestalter der Erde
Erde und Weltwirtschaft, Bd. 5, 2. Aufl.
Stuttgart 1967, 312 S., Franckh'sche Verlagshandlung

Ein Buch, das trotz seines Alters (1. Aufl. 1954, bereits 1935 erschien von E. Fels: Der Mensch als Gestalter der Erde) in hohem Maße aktuell ist. An zahlreichen Beispielen wird die Veränderung der Erde durch den wirtschaftenden Menschen behandelt. Die Vielzahl und Vielseitigkeit der behandelten Themen entschädigt dabei weitgehend für die heute wünschenswerte genauere Analyse des Wirkungsgefüges der dargestellten Prozesse.
(Vgl. auch 1.4 – Lütgens, R.: Erde und Weltwirtschaft)

Hammond, R.:
Air Survey in Economic Development
London 1967, 246 S.

Anschaulich geschriebene Darstellung der Entwicklung, Möglichkeit und Anwendung der Erkundung und Landesaufnahme aus der Luft bzgl. der wirtschaftlichen Entwicklung.

Kessler, M.; Otremba, E.; Schamp, E.; Schulz, M. J.; Wolf, R.:
Wirtschaftsgeographie, Telekolleg II
München 1972, 207 S., TR-Verlagsunion

Begleitband zur Fernsehserie gleichen Namens mit dem Ziel, „wirtschaftliche, soziale und politische Strukturen und Prozesse in ihren räumlichen Dimensionen sowie in der räumlichen Ordnung erkennen und verstehen zu lassen". Das auch ohne die Fernsehsendereihe mit Gewinn lesbare Buch behandelt vor allem aktuelle Gegenwartsprobleme wie z. B. Bevölkerungswachstum und Nahrungsmittelspielraum, Verstädterung der Erde, Industrie- und Entwicklungsländer, Erholung als neue Wirtschaftsform u. a. Leider fehlt diesem an sich sehr brauchbaren Textbuch jeder weiterführende Literaturhinweis.

Lütgens, R. (Hrsg.):
Erde und Weltwirtschaft
Ein Handbuch der Allgemeinen Wirtschaftsgeographie (5 Bände)
Stuttgart, Franckh'sche Verlagshandlung 1950 ff.
(siehe 1.4 – Lütgens)

Lütgens, R.:
Die Produktionsräume der Erde
Erde und Weltwirtschaft Bd. 2
Stuttgart 1958, 340 S., Franckh'sche Verlagshandlung

Inhalt: Die großen Produktionsräume, Landräume, Meeresräume einschl. Küsten. Besonders werden die Beziehungen der Produktionswirtschaft zur Natur der jeweiligen Landräume und zur Kultur ihrer Bewohner hervorgehoben, ferner die weltwirtschaftliche Verflechtung der einzelnen Produktionsräume.

Obst, E.:
Allgemeine Wirtschafts- und Verkehrsgeographie
Lehrbuch der Allgemeinen Geographie Bd. VII
Berlin 1965 (3. Aufl.), Nachtrag zur 3. Aufl. 1969, 698 S.,
de Gruyter Verlag

Lehrbuch von Handbuchcharakter. Im Gegensatz zum Titel des Buches befaßt sich der sehr knappe Abschnitt zur Verkehrsgeographie nur mit dem Weltverkehr.

Otremba, E.:
Allgemeine Agrar- und Industriegeographie
= Erde und Weltwirtschaft Bd. III
Stuttgart 1960, 392 S., Franckh'sche Verlagshandlung

Versuch einer Struktur- und Gestaltslehre der Wirtschaftslandschaft, gleichzeitig eine umfassende Darstellung der Aufgaben und Methoden von Agrar- und Industriegeographie.

Otremba, E.:
Der Wirtschaftsraum –
– seine geographischen Grundlagen und Probleme
2. Aufl. von „Die geographischen Grundlagen und Probleme des Wirtschaftslebens"
= Erde und Weltwirtschaft, Bd. I (R. Lütgens, Hrsg.)
Stuttgart 1969, 256 S., Franckh'sche Verlagshandlung

Grundlegendes Einführungswerk in die Wirtschaftsgeographie als die Wissenschaft vom Wirtschaftsraum. Das Buch behandelt Entwicklung und Stellung der Wirtschaftsgeographie, Standort, Gefügeordnung und Dynamik im Wirtschaftsraum, Natur des Wirtschaftsraumes im Sinne der naturgeographischen Grundlagen, Mensch und Gesellschaft im Wirtschaftsraum, Gestalt des Wirtschaftsraumes. Den Abschluß bildet die großräumige Gliederung des Weltwirtschaftsraumes.

Otremba, E.:
Die Flexibilität des Wirtschaftsraumes
in: Erdkunde, Bd. 15, Bonn 1961, S. 45–53

Paterson, J. H.:
Land Work and Resources
An Introduction to Economic Geography
London 1972, 280 S., Edward Arnold Verlag

Royen, W. van; Bengtson, N. A.:
Fundamentals of Economic Geography
An Introduction to the Study of Resources
Englewood Cliffs, N. J., 1964 (5. Aufl.), 631 S., Prentice Hall

Gut lesbare Einführung in die Wirtschaftsgeographie

White, C. L.; Griffin, P. F.; McKnight, T. L.:
World Economic Geography
London 1966, Verlag Methuen

Amerikanisches College-Textbook.

Wirth, E. (Hrsg.):
Wirtschaftsgeographie
Wege der Forschung, Bd. CCXIX,
Darmstadt 1969, 556 S., Wissenschaftliche Buchgesellschaft

Eine Zusammenstellung wesentlicher Aufsätze über Entwicklung und Methodik der allgemeinen Wirtschaftsgeographie. (Vergl. auch in derselben Reihe die Bände über Methoden und Gegenstand der Geographie, Sozialgeographie und Allgemeine Stadtgeographie).
Als älteste wurden Beiträge von von Thünen, Humboldt, Ritter und von Richthofen ausgewählt. Den Schwerpunkt bilden die klassischen Arbeiten des 20. Jahrhunderts und der Zeit zwischen den beiden Weltkriegen. Die jüngste Entwicklung seit 1950 ist mit nur sieben Beiträgen (Otremba 3, Wirth 1, Bobek 1, Weigt 1 und Schöller 1) relativ schwach berücksichtigt.

2.6.7.1 Agrargeographie

Agrarwirtschaftsatlas der Erde in vergleichender Darstellung
Bearbeitet im Institut für Agrarraumforschung der Humboldt-Universität zu Berlin unter Leitung von Bruno Skibbe
Gotha 1958, 248 S., VEB Hermann Haack

Bild der Agrarlandschaft von 42 Ländern der Erde mit politisch motivierter „Schönfärberei" an einigen Stellen.

Bally, W. (Hrsg.)
Tropische und subtropische Weltwirtschaftspflanzen
II. Teil: Ölpflanzen
Stuttgart 1962, 441 S., Enke-Verlag

Blanckenburg, P. v. und Cremer, H. D. (Hrsg.):
Handbuch der Landwirtschaft und Ernährung in den Entwicklungsländern
Bd. I: Die Landwirtschaft in der wirtschaftlichen Entwicklung, Ernährungsverhältnisse,
Stuttgart 1967, 606 S.
Bd. II: Pflanzliche und tierische Produktion in den Tropen und Subtropen
Stuttgart 1971, 1041 S., Ulmer Verlag

Eines der gründlichsten Werke der Entwicklungsländer-Literatur. Inhalt von Bd. I: Überblick über Welternährungslage, Problem des Bevölkerungswachs-

tums und daraus resultierende Aufgaben der Entwicklungspolitik, Gesellschaftliche Strukturen und Agrarverfassungen und ihre Auswirkungen auf die ländliche Entwicklung, Grundlagen bäuerlicher Betriebsorganisation, Einsatz technischer Hilfsmittel, Organisationsformen der Bodennutzung und der Viehhaltung im tropischen und subtropischen Bereich u. a.
Inhalt von Bd. II: Natürliche Standortverhältnisse und ihre Verbesserung (Klima, Vegetation, Boden, Bodenerosion, Bodenschutz, Bodenfruchtbarkeit, Bewässerung), pflanzliche und tierische Produktion, Lagerung, Be- und Verarbeitung landwirtschaftlicher Produkte.
Beide Bände bilden gemeinsam eine überaus reichhaltige Informationsquelle über die tropische und subtropische Agrarwirtschaft.

Cantor, L. M.:
A World Geography of Irrigation
Edinburgh 1967, 226 S., Verlag Oliver & Boyd

Teil 1 bietet systematische Grundlagen der Bewässerungswirtschaft, Teil 2 vermittelt einen regionalen Überblick über die Bewässerungsgebiete der Erde.

Clark, C.:
The Economics of Irrigation
Oxford 1970, 155 S., Pergamon Press

Clout, H. D.:
Rural Geography. An Introductory Survey
Oxford, New York, Toronto, Sydney, Braunschweig 1972, 204 S., Pergamon Press

Verf. behandelt den funktionalen und strukturellen Wandel in den Agrarräumen der industrialisierten Länder, der sich aus den veränderten Interessen der städtischen und ländlichen Bevölkerung ergibt.

van Eimern, J.:
Wetter- und Klimakunde –
für Landwirtschaft, Garten- und Weinbau
Stuttgart 1971, 239 S., Verlag Eugen Ulmer

(siehe 2.5.4 – van Eimern, J.)

Fenelon, P.:
Vocabulaire de Géographie Agraire
Gap (Hautes-Alpes), 688 S., Imprimerie Louis-Jean

Found, W. C.:
A theoretical approach to rural land-use patterns
Frome, London 1971, 185 S., Butler & Tanner Ltd.

Geisler, G.:
Pflanzenbau in Stichworten
Teil I: Die Kulturpflanzen, Kiel 1970, 144 S.
Teil II: Die Ertragsbildung, Kiel 1971, 144 S.
F. Hirt-Verlag

Gregor, H. F.:
Geography of Agriculture. Themes in research
Foundation of Economic Geography Series
Englewood Cliffs, N. J. 1970, 181 S., Prentice Hall
Überblick über Forschungsansätze in der Agrargeographie mit vorwiegender Behandlung amerikanischer Literatur.

Grigg, D. B.:
The Agricultural Systems of the World
An Evolutionary Approach
London 1974, 358 S., Cambridge Univ. Press
(Cambridge Geographical Studies)
Die wichtigsten agrarischen Wirtschaftsformen und ihre Entwicklung werden behandelt. Darüber hinaus bieten die rund 1200 Titel im Literaturverzeichnis einen guten Zugang zur englischsprachigen agrargeographischen Literatur.

Haden-Guest, St.; Wright, J. K.; Teclaff, E. M.:
A Geography of Forest Resources
New York 1956, 736 S., The Ronald Press Company

Hagan, R. M.; Haise, H. R.; Edminster, T. W. (Hrsg.):
Irrigation of Agricultural Lands
No. 11 in the series Agronomy,
American Society of Agronomy (Publisher)
Madison, Wisconsin, USA 1967, 1180 S.
Derzeit bedeutendstes Handbuch über Bewässerungsfragen

Israelsen, O. W.; Hansen, V. E.:
Irrigation Principles and Practices
New York, London, Sydney 1967 (3. Aufl.), 447 S., John Wiley

Kostrowicki, J.:
Agricultural Geography
Harlow, Essex 1973, 500 S., Longman Verlag

Kreeb, K.-H.:
Ökologische Grundlagen der Bewässerungskulturen in den Subtropen
Stuttgart 1964, 149 S., Gustav Fischer-Verlag

Lebeau, R.:
Les grandes types de structures agraires dans le monde
Paris 1969, 120 S., Masson & Cie.
Verf. behandelt die wichtigsten Typen der Agrarlandschaft in großräumiger regionaler Übersicht.

Manshard, W.:
Einführung in die Agrargeographie der Tropen
BI-Hochschultaschenbücher 356/356a,
Mannheim 1968, 307 S., Bibliographisches Institut
Mit vielen regionalen Einzelbeispielen angereicherte Abhandlung des gegenwärtigen Standes der Erforschung tropischer Agrarlandschaften. Nach einer Definition der Begriffe Agrargeographie sowie Tropen folgen Übersichten über die Leitlinien der agrarischen Entwicklung und über die Großgliederung der tropischen Agrarlandschaft. Schließlich werden tropische Agrarlandschaften bezüglich ihrer Gestaltung durch die Wirtschafts- und Betriebsformen und Bodennutzungssysteme dargestellt.

Mayer, J. et Deschamps, L.:
Agriculture tropicale. „Que sais-je?" Nr. 62
Paris 1973, Presses Universitaires de France, 128 S.
Das von einem Agronomen und einem Sozio-Ökonomen verfaßte Buch behandelt zunächst die tropische Landwirtschaft in regionalen Kapiteln, sodann wendet es sich den Bemühungen um die Verbesserung der agrarischen Bedingungen zu.

Meienberg, P.:
Die Landnutzungskartierung nach Pan-, Infrarot- und Farbluftbildern
Ein Beitrag zur agrargeographischen Luftbildinterpretation und zu den Möglichkeiten der Luftbildphotographie
Münchner Studien zur Sozial- und Wirtschaftsgeographie Bd. 1
Kallmünz 1966, 133 S., Verlag Michael Laßleben

Otremba, E.:
Allgemeine Agrar- und Industriegeographie
Erde und Weltwirtschaft Bd. III
Stuttgart 1960, 392 S., Franckh'sche Verlagshandlung
(siehe 2.6.7 – Otremba, E.: Allgemeine . . .)

Otremba, E. (Hrsg.):
Atlas der deutschen Agrarlandschaft
Wiesbaden 1962 ff., Franz Steiner Verlag

Teil I: Übersichtskarten zu den Einzelbeispielen
Teil II: Die deutsche Agrarlandschaft in ihrer Abhängigkeit von der Landesnatur
Teil III: Die Agrarlandschaft am Stadtrand
Teil IV: Das soziale Gefüge im Bilde der deutschen Agrarlandschaft in seinem geschichtlichen Werden und in seinen Gegenwartsformen
Teil V: Die Bodennutzungssysteme in den deutschen Agrarlandschaften im Spiegel großmaßstäblicher Flurkartierung

„Der Atlas hat das Ziel, alle Zweige der deutschen agrar- und siedlungsgeographischen Forschung in einer Beispiel-Dokumentation zusammenzufassen sowie eine Übersicht vom Werden und Gegenwartsbild der deutschen Agrarlandschaft zu geben". (Otremba). – Hervorragendes Kartenwerk der bäuerlichen Kulturlandschaft.

Otremba, E. und Kessler, M.:
Die Stellung der Viehwirtschaft im Agrarraum der Erde
Erdkundliches Wissen, H. 10,
Wiesbaden 1965, 173 S., Steiner Verlag

Vergleichende geographische Betrachtung der Viehwirtschaft der Erde. Besonders nützlich für eigene Arbeiten ist die kritische Literaturübersicht, die auch wichtige Nachbarwissenschaften einbezieht.

de Planhol, X. und Rognon, P.:
Les Zones Tropicales Arides et Subtropicales
Collection U., Série Géographie
Paris 1970, 487 S., Librairie Armand Colin

Behandlung der Zonen etwa zwischen 20°–40° N und S. Der Schwerpunkt liegt bei der Erörterung der „condition humaine". Einzelthemen sind u. a. Bewässerungsfragen, Nomadismus, Transhumanz, Veränderung der traditionellen Lebensbedingungen.

Priebe, H.:
Landwirtschaft in der Welt von morgen
Düsseldorf 1970, 451 S.

Weniger die agrarpolitischen Überlegungen als vielmehr die Gedanken des Verfassers über die Zukunft ländlicher Räume machen das Buch für den Geographen lesenswert. In der Unvereinbarkeit des herrschenden Trends zu Vollerwerbsbetrieben mit resultierender Entleerung ländlicher Räume auf der einen Seite und dem Wunsch nach Aufrechterhaltung einer hinreichenden Infrastruktur auf der anderen Seite sieht der Autor eines der Hauptprobleme.

Ruppert, K. (Hrsg.):
Agrargeographie
Wege der Forschung Bd. CLXXI
Darmstadt 1973, 511 S., Wissenschaftl. Buchgesellschaft

Schmidt-Kraeplin, E.; Schneider, S.:
Luftbildinterpretation in der Agrarlandschaft und Beispiele ihrer Anwendung aus dem Lande Nordrhein-Westfalen
Landeskundliche Luftbildauswertung im mitteleuropäischen Raum, H. 7
Bad Godesberg 1966, 156 S., Selbstverlag der Bundesanstalt für Landeskunde und Raumforschung

Schütt, P.:
Weltwirtschaftspflanzen
Herkunft, Anbauverhältnisse, Biologie und Verwendung der wichtigsten landwirtschaftlichen Nutzpflanzen
Berlin, Hamburg 1972, 228 S., Paul Parey

Uhlig, H. (Hrsg.), Lienau, C. (Red.):
Flur und Flurformen / Types of Field Patterns / Le Finage Agricole et sa Structure Parcellaire
Materialien zur Terminologie der Agrarlandschaft, Vol. I
Gießen 1967, 237 S., Kommissionsverlag W. Schmitz

Im Bemühen um eine einheitliche internationale Terminologie bei siedlungs- und agrargeographischen Fragestellungen entstand dieser Zwischenbericht über die bisherige Arbeit als Vorarbeit für das eigentliche Glossar. C. Lienau resummiert im „Entwurf eines terminologischen Rahmensystems für die geographische Erfassung der Flurformen“ Ergebnisse der Überlegungen und

Ausarbeitungen einzelner Fachleute, wobei die Bestandteile der Agrarlandschaft in ihren einzelnen Erscheinungsformen formal typisiert und definiert werden. Dadurch sollen vergleichende Betrachtungen auch zwischen verschiedenen Kulturbereichen erleichtert werden, die bisher an der uneinheitlichen Terminologie litten, welche teils den Dialekten entlehnt war, teilweise auch nach formalen oder funktionalen oder historisch-genetischen Gesichtspunkten gebildet worden war.

Uhlig, H. (Hrsg.):
Die Siedlungen des ländlichen Raumes
Rural settlements. L'habitat
Materialien zur Terminologie der Agrarlandschaft, Vol. 2
Gießen 1972, 277 S., Lenz

Vegetationsmonographien der einzelnen Großräume
herausgegeben von H. Walter, Stuttgart-Hohenheim
Stuttgart 1965 ff., G. Fischer Verlag

Das zehnbändige Werk nimmt starken Bezug auf die Grundlagen agrarwirtschaftlicher Nutzungsmöglichkeiten.
(siehe 2.5.6.1 – Vegetationsmonographien)

2.6.7.2 Industriegeographie

Alexandersson, G.:
Geography of Manufacturing
Englewood Cliffs, N. J., 1967, 148 S., Prentice Hall

Beck, G.:
Zur Kritik der bürgerlichen Industriegeographie
(herausgegeben von einem studentischen Kollektiv) –
Geographische Hochschulmanuskripte, Heft 1,
Göttingen 1973, 269 S.

Hauptanliegen dieser Studien von 'Demokraten und Sozialisten' ist es, 'wirtschaftsgeographische Texte' in ihren theoretischen Ausgangspunkten als konform zu kapitalistischer Ideologie oder als diese stützend zu entlarven. So interessant dieser Ansatz im Sinne einer kritischen Betrachtung bestimmter geographischer Ansätze zunächst erscheinen mag, so wenig befriedigt die oft vordergründige, nicht zum Thema gehörige Interpretation von Fakten. Äußerster Hellhörigkeit gegenüber leisesten kapitalistischen Tönen steht unkritische, nur durch blinde Ideologiegläubigkeit erklärbare Übernahme bekannter kommunistischer Stereotypen gegenüber.

Chardonnet, J.:
Géographie industrielle
tome 1: „Les sources d'énergie", Tome 2: „L'industrie"
Paris 1962 und 1965

Energy and Power
A Scientific American Book
San Francisco 1971, 144 S.
(siehe 2.5.2 – Energy and Power)

Friedensburg, F.:
Die Bergwirtschaft der Erde
Bodenschätze, Bergbau und Mineralversorgung der einzelnen Länder
Stuttgart 1965, (6. Aufl.), 566 S., Enke Verlag
Standardwerk, Informationsquelle über geographische Verteilung der Bodenschätze, deren Fördermengen und wirtschaftsgeographische Rolle.

Geipel, R.:
Industriegeographie als Einführung in die Arbeitswelt
Braunschweig 1969, 201 S., G. Westermann Verlag
Am Beispiel des Rhein-Main-Gebietes behandelt Verf. in sieben Fallstudien den von der Erdkunde her zu leistenden Teil der Arbeitslehre. Für den Lehrer besonders günstig ist die beispielhafte didaktische Strukturierung des Stoffes.

Hottes, K. H.:
Die Naturwerkstein-Industrie und ihre standortprägenden Auswirkungen
Eine vergleichende industriegeographische Untersuchung dargestellt an ausgewählten europäischen Beispielen. Gießener Geographische Schriften, H. 12, Gießen 1967, 270 S.

Moser, P.:
Die Eisen- und Stahlindustrie in den Entwicklungsländern
Köln 1968, 448 S., Universitätsverlag Michael Wienand
Der einführende Teil der Dissertation behandelt die Problematik von Eisen- und Stahlwerken in den Entwicklungsländern, während der Hauptteil einen Überblick über Eisen- und Stahlindustrie der einzelnen Entwicklungsländer gibt.

Odell, P. R.:
An Economic Geography of Oil
Bell's Economic Geographies
London 1965, 219 S., G. Bell and Sons-Verlag
Knappe, aber präzise wirtschaftsgeographische Untersuchung der Ölindustrie.

Otremba, E.:
Allgemeine Agrar- und Industriegeographie
Erde und Weltwirtschaft Bd. III
Stuttgart 1960, 392 S., Franckh'sche Verlagshandlung
(siehe 2.6.7 – Otremba, E.: Allgemeine . . .)

2.6.7.3 Verkehrsgeographie

Alexandersson, G.; Norström, G.:
World Shipping
An Economic Geography of Ports and Seaborne Trade
New York, London 1963, 507 S., John Wiley & Sons
Der erste Teil des Buches dient einer – inzwischen durch Suezkrisen etc. schon wieder veralteten – Übersicht über den Welthandel, die Welthandelsflotte, den Weltfrachtenmarkt, den Passagierverkehr und den Güterverkehr (getrennt nach Stück- und Massengut). Ferner werden die wichtigsten Welthandelsgüter behandelt. Teil 2 versucht eine Hafentypologie und liefert eine Analyse der Häfen, nach Staaten und Küstenabschnitten geordnet.

Appleton, J. H.:
A Morphological Approach to the Geography of Transport
University of Hull Publications,
Occasional Papers in Geography No. 3, 1965
Verf. wendet sich gegen die einseitig funktionale Betrachtungsweise der Verkehrsgeographie und fordert eine stärkere Berücksichtigung morphographischer Gesichtspunkte.

Fochler-Hauke, G.:
Verkehrsgeographie
Das Geographische Seminar
Braunschweig 1972 (3. Aufl.), 172 S., G. Westermann Verlag

Im ersten Teil dieser Einführung werden Verkehrsarten, Verkehrsmittel und Verkehrswege dargestellt. Sodann werden die Wechselwirkungen zwischen den einzelnen Verkehrsmitteln, zwischen Verkehr und Raum, die Beziehungen des Verkehrs zu Siedlung und Sozialstruktur, der Verkehr im Gefüge der Kulturlandschaft behandelt.

Freitag, U.:
Verkehrskarten
Systematik und Methodik der kartographischen Darstellung des Verkehrs mit Beispielen zur Verkehrsgeographie des mittleren Hessen
Giessener Geographische Schriften, H. 8, 1966, 112 S.,
W. Schmitz Verlag

Haggett, P. und Chorley, R. J.:
Network Analysis in Geography
London 1969, 348 S.
(siehe 2.3 – Haggett, P. und Chorley, R. J.)

Meine K.-H.:
Darstellung verkehrsgeographischer Sachverhalte
Ein Beitrag zur thematischen Verkehrskartographie
Forschungen zur deutschen Landeskunde, Bd. 136,
Bad Godesberg 1967, 135 S.

Obst, E.:
Allgemeine Wirtschafts- und Verkehrsgeographie
Lehrbuch der Allgemeinen Geographie Bd. VII
Berlin 1965, 698 S., de Gruyter Verlag
(siehe 2.6.7 – Obst, E.)

Otremba, E.:
Allgemeine Geographie des Welthandels und des Weltverkehrs
Erde und Weltwirtschaft Bd. IV
Stuttgart 1961, 380 S., Franckh'sche Verlagshandlung

Inhalt: I. Geographische Grundlagen und Kräftelehre des Welthandels und des Weltverkehrs. II. Die Gestaltelemente des Handels- und Verkehrsraums der Erde in ihrer geographischen und wirtschaftlichen Bedingtheit. III. Die Wirtschaftsräume der Erde in ihrer handels- und verkehrsgeographischen Struktur und ihrer Verflechtung.

Ritter, J.:
Géographie des Transports
„Que sais-je? ", No. 1427
Paris 1971, 127 S., Presses Universitaires de France

Gute Einführung in die aktuellen Probleme der Verkehrsgeographie, die jedoch die Komplexität verkehrsgeographischer Sachverhalte mitunter nur anreißt und den Anfänger stellenweise überfordert.

Schamp, H.:
Luftverkehrsgeographie
Deutschlands Lage im Weltluftverkehr
Wiesbaden 1957, Erdkundliches Wissen H. 4, 37 S., Steiner Verlag

2.6.8 Siedlungsgeographie

(siehe auch 2.7: Angewandte Geographie)

von Böventer, E.:
Walter Christallers Zentrale Orte und Periphere Gebiete
Rückblick nach 35 Jahren –
anläßlich des 75. Geburtstages von Walter Christaller
in: Geographische Zeitschrift Jg. 56, 1968, S. 102-111,
Wiesbaden.

Verf. untersucht die Gültigkeit des Christallerschen Modells für unterschiedlich homogene Flächen.

Borcherdt, Ch.:
Zentrale Orte und zentralörtliche Bereiche
in: Geographische Rundschau 1970, H. 12, S. 473–483,
Braunschweig 1970

Vf. erörtert die hinsichtlich der zentralen Orte diskutierten Hauptfragen und verweist auf die Notwendigkeit, weniger der Ausstattung eines zentralen Ortes als vielmehr dem Ablauf der Prozesse mehr Beachtung zu schenken.

Born, M.:
Wüstungen und Sozialbrache
in: Erdkunde XXII, 1968 Bonn, S. 145–151

Der kurze, aber instruktive Aufsatz charakterisiert die Sozialbrache als Übergangserscheinung, die infolge sozialer Differenzierungen aufkam. Bei Flurwüstungen handelt es sich dagegen um ein Endstadium. (Reichhaltiges Literaturverzeichnis).

Brünger, W.:
Einführung in die Siedlungsgeographie
Heidelberg 1961, 182 S., Quelle & Meyer-Verlag

Christaller, W.:
Die zentralen Orte in Süddeutschland
Eine ökonomisch-geographische Untersuchung über die Gesetzmäßigkeit der Verbreitung und Entwicklung der Siedlungen mit städtischen Funktionen.
Jena 1933, Reprogr. Nachdruck Darmstadt 1968, 331 S.,
Wissenschaftl. Buchgesellschaft

Bahnbrechende Arbeit für die Untersuchung der funktionalen Beziehungen zwischen Stadt und ländlicher Umgebung. Im ersten Teil wird aufgrund von theoretisch-ökonomischen Überlegungen eine Theorie des Systems der zentralen Orte aufgestellt, im zweiten die Methode zur Zentralitätsbestimmung entwickelt. Teil 3 bringt die Anwendung der Theorie auf die zentralen Orte in Süddeutschland. Christallers Werk ist trotz zahlreicher, seit damals erfolgter Verfeinerungen in der Erfassungsmethodik bis heute grundlegend geblieben.

Christaller, W.:
Wie ich zu der Theorie der zentralen Orte gekommen bin
Ein Bericht, wie eine Theorie entstehen kann,
und in meinem Fall entstanden ist
in: Geographische Zeitschrift Jg. 56, 1968, S. 88–101,
Wiesbaden

Autobiographischer Rückblick Walter Christallers aus Anlaß seines 75. Geburtstages.

Krüger, R.:
Typologie des Waldhufendorfes nach Einzelformen und deren Verbreitungsmustern
Göttinger Geographische Abhandlungen H. 42,
Göttingen 1967, 190 S.

Methodisch klare, den ganzen mitteleuropäischen Raum überspannende Monographie des Breitstreifen-Reihendorfes.

Lindauer, G.:
Beiträge zur Erfassung der Verstädterung in ländlichen Räumen
Mit Beispielen aus dem Kochertal
Stuttgarter Geographische Studien, Bd. 80,
Stuttgart 1970, 247 S.

Die Arbeit vermittelt zahlreiche wertvolle Anregungen zur quantitativen Erfassung des Verstädterungsprozesses in ländlichen Räumen, wobei jedoch die soziologischen Aspekte zu kurz kommen.

Niemeier, G.:
Siedlungsgeographie
Das Geographische Seminar
3. Aufl. Braunschweig 1972, 184 S. G. Westermann Verlag

Als Einführung in die Siedlungsgeographie gut geeignete, preiswerte Übersicht. Verf. legt mehr Wert auf die Behandlung der Ordnungs- und Gestaltungsprinzipien im Sinne einer siedlungsgeographischen Kräftelehre als auf eine umfassende Typologie der Siedlungen und Siedlungsgebiete. Die etwas knapp geratene Behandlung der modernen Stadt ist wohl darauf zurückzuführen, daß in derselben Reihe ein eigenes Bändchen zur Stadtgeographie (siehe Hofmeister) erschien. Auch die fehlende Behandlung siedlungsgeographischer Arbeitsmethoden und -techniken unterblieb im Hinblick auf ein demnächst in der Reihe „Das Geographische Seminar, Praktische Arbeitsweisen“ erscheinendes Werk über diesen Themenbereich.

Schröder, K. H. und Schwarz, G.:
Die ländlichen Siedlungsformen in Mitteleuropa
Grundzüge und Probleme ihrer Entwicklung
Forschungen zur deutschen Landeskunde, Bd. 175
Bad Godesberg 1969, 106 S.

Schwarz, G.:
Allgemeine Siedlungsgeographie
Lehrbuch der Allgemeinen Geographie,
herausgegeben von E. Obst und J. Schmithüsen
3. Aufl. Berlin 1966, 751 S., Walter de Gruyter Verlag
Standardwerk der Siedlungsgeographie mit umfangreicher Aufarbeitung deutschen, angelsächsischen und französischen Schrifttums.

Tesdorpf, J. C.:
Ortsnamenkunde –
ein wichtiges Hilfsmittel für landeskundliche Siedlungsforschung und Karteninterpretation. (Ortsnamenschichtung im Spiegel der Siedlungsentstehung, untersucht am Beispiel des westlichen Bodenseegebietes.)
in: Mitteilungen der Geographischen Fachschaft
Freiburg NF 1969, 1, S. 4–36
(jetzt: Freiburger Geographische Mitteilungen,
J. C. Tesdorpf, Hrsg.)

Uhlig, H. (Hrsg.), Lienau, C. (Red.):
Flur- und Flurformen / Types of Field Patterns /
Le Finage Agricole et sa Structure Parcellaire
Materialien zur Terminologie der Agrarlandschaft, Vol. I
Gießen 1967, 237 S., Kommissionsverlag W. Schmitz
(siehe 2.6.7.1 – Uhlig, H. (Hrsg.), Lienau, C.)

Uhlig, H. (Hrsg.):
Die Siedlungen des ländlichen Raumes.
Rural Settlements. L'habitat
Materialien zur Terminologie der Agrarlandschaft, Vol. II
Gießen 1972, 277 S., Lenz

2.6.8.1 Stadtgeographie

(siehe auch 2.7: Angewandte Geographie)

Beaujeu-Garnier, J.; Chabot, G.:
Traité de Géographie Urbaine
Paris 1963, 493 S., Librairie Armand Colin
In englischer Übersetzung als „Urban Geography" 1967 bei Longman-Verlag, Pinnacles, Harlow, Essex.

Beobachtungen zur Stadtentwicklung
Sozialwissenschaftliche Beiträge zur Stadt- und Regionalplanung
Bad Godesberg, Institut für angewandte Sozialwissenschaft, Regionalsoziologische Abteilung 1962, 58 S.
Sammlung von drei Vorträgen, die sich aus der Sicht der Soziologie mit der Stadt und ihrer zukünftigen Entwicklung beschäftigen.

Carter, H.:
The Study of Urban Geography
London 1972, 360 S., Verlag Edward Arnold

Cities. Their Origin, Growth and Human Impact
Introd. by K. Davies
Readings from Scientific American
San Francisco 1973, 297 S., Freeman Verlag

Diederich, J.:
Soziographie und Städtebau –
mit Ergebnissen soziographischer Untersuchungen in der Stadt Hanau
Schriftenreihe: Stadt- und Regionalplanung
(herausgegeben von P. Koller und J. Diederich)
Berlin, New York 1971, 138 S., Verlag Walter de Gruyter
Das Buch behandelt die Anwendung soziographischer Methoden bei regionalen und örtlichen Entwicklungen. Der zunächst theoretischen Grundlegung folgt die Anwendung auf die Planungssituation der Stadt Hanau.

Egli, E.:
Geschichte des Städtebaues
I. Band: Die Alte Welt
Erlenbach-Zürich, Stuttgart 1959, 371 S., Eugen Rentsch-Verlag

Verfasser, Professor für Städtebau an der E. T. H. Zürich, behandelt die Geschichte des Städtebaues in der Alten Welt von der Vorzeit bis zum Ende der römischen Antike etwa um 600 n. Chr. in vergleichender Übersicht.

Frey, R. und N. Schmidt-Relenberg:
Totale Wohnung. Projekt, Ideen für die Umwelt von morgen, 1
Stuttgart, Bern 1969, 75 S., Karl Krämer Verlag

Der Band bietet, wie auch der Beitrag von H. Ludmann (Ideen für die Umwelt von morgen, 4) Überlegungen und Planungsbeispiele für das Wohnen von morgen, wobei optimaler Interessenausgleich zwischen den Wohnwünschen einzelner Haushaltstypen und Sozialgruppen und dem Zwang nach Flächenersparnis, Versorgung mit Dienstleistungen u. a. versucht wird.

Ganser, K.:
Sozialgeographische Gliederung der Stadt München aufgrund der Verhaltensweisen der Bevökerung bei politischen Wahlen
Münchner Geographische Hefte, H. 28, 129 S.,
Kallmünz/Regensburg 1966, Verla Michael Laßleben

(siehe 2.6.6 – Ganser, K.)

Harvey, D.:
Social Justice and the City
London 1973, 320 S., Verlag Edward Arnold

Hofmeister, B.:
Stadtgeographie
Das Geographische Seminar
Braunschweig 1972 (2. Aufl.), 208 S., G. Westermann Verlag

Gut lesbare Einführung mit Schwerpunkten auf den Gebieten: Städtische Funktionen und zentralörtliche Bereichsbildung, Gefüge der Stadt bzw. Stadtregion und kulturgenetische Typenbildung.

Krysmanski, R.:
Bodenbezogenes Verhalten in der Industriegesellschaft
Materialien zur Raumplanung
Materialien und Ergebnisse empirischer Sozialforschung
Hrsg. Zentralinstitut für Raumplanung an der Universität
Münster, 1967, 277 S.

Sozialpolitisch konzipierte Arbeit im Grenzgebiet von Soziologie, Sozial-, Bevölkerungs- und Stadtgeographie. Der Hauptteil „Bodenbezogenes Nutzungsverhalten" diskutiert Standort und Beschaffenheit der Wohnungen, die Wechselbeziehungen zwischen Wohnung und Arbeitsplatz und die Freizeitgestaltung.

Ludmann, H.:
Von der Wohnzelle zur Stadtstruktur
Projekt, Ideen für die Umwelt von morgen, 4
Stuttgart, Bern 1968, 48 S., Karl Krämer Verlag
(siehe 2.6.8.1 – Frey, R. und N. Schmidt-Relenberg: Totale Wohnung)

Mackensen, R.; Papalekas, J. C.; Pfeil, E.; Schütten, W.; Burckhardt, L. (Bearb.):
Daseinsformen der Großstadt
Typische Formen sozialer Existenz in Stadtmitte, Vorstadt und Gürtel der industriellen Großstadt
= Soziale Forschung und Praxis Bd. 20
Tübingen 1959, 376 S., Verlag J. C. B. Mohr (Paul Siebeck)

McGee, T. G.:
The Urbanization Process in the Third World –
Explorations in Search of a Theory
London 1969, 179 S., G. Bell and Sons Ltd.

Monheim, R.:
Fußgängerbereiche (Bestand und Entwicklung)
(Reihe E – DST – Beiträge zur Stadtentwicklung – Heft 4)
Köln, Deutscher Städtetag 1975, 288 S.

Umfangreiche Dokumentation zur Verdichtung von Nutzungen und Verkehr im innerstädtischen Bereich.

Murphy, R. E.:
The Central Business District
A study in Urban Geography
Harlow, Essex 1973, 193 S., Longman Verlag

Niemeyer, G.:
Citykern und City
in: Erdkunde – Archiv für wissenschaftliche Geographie,
Bd. 23, H. 4
Bonn 1969, S. 290–306
Beitrag zur Diskussion um Begriff und Abgrenzung der City

Rosenberg, F. und Hruska, E.:
Städtebau in Ost und West
Schriftenreihe der Niedersächsischen Landeszentrale
für politische Bildung
Hannover 1969, 119 S., Niedersächs. Landeszentrale für
politische Bildung
(siehe 2.7 – Rosenberg, F.)

Ruppert, K. u. F. Schaffer:
Sozialgeographische Aspekte urbanisierter Lebensformen
„Ver. d. Akad. f. Raumforschung u. Landesplanung", Bd. 68
Hannover 1973, 52 S., Gebr. Jänecke
Am Beispiel süddeutscher Raumstrukturen werden typische Abläufe im Urbanisierungsprozeß verdeutlicht.

Schmidt-Renner, G.:
Ursachen der Städtebildung
in: Petermanns Geographische Mittelungen 1965, 1, S. 23–31

Schöller, P. (Hrsg.):
Allgemeine Stadtgeographie
Wege der Forschung, Bd. CLXXXI,
Darmstadt 1969, 378 S., Wissenschaftliche Buchgesellschaft
Eine Sammlung der wichtigsten Aufsätze aus dem In- und Ausland, die die Entwicklung der stadtgeographischen Forschung wiederspiegelt. Der erste Abschnitt „Forschungsberichte" macht die Entwicklung an Arbeiten von

Dörries (1930) und Schöller (1953) deutlich, die durch Hinzunahme der Darstellungen von H. M. Mayer (1963) über den Stand in Nordamerika, von Kiuchi (1963) über den in Japan und von Fuchs (1964) über den in der Sowjetunion ergänzt werden.
Der zweite Abschnitt „Wesen und Begriff der Stadt" bringt Beiträge von Bobek, Harris und Ullman, Pinchemel und Klöpper, der dritte „Grundlagen und Funktionstypen des Städtewesens" die bekannten Aufsätze von Bobek „Über einige funktionelle Stadttypen und ihre Beziehungen zum Lande" (1938), von Harris „A Functional Classification of Cities in the United States" (1943) und von Alexandersson „City Forming and City Serving Production" (1956).
Im letzten Abschnitt „Stadtgliederung und Stadtstruktur" wird das Problem der inneren Differenzierung mit Beiträgen von Colby (1933), Hoyt (1941) und Kant behandelt.

Schöller, P.:
Tendenzen in der stadtgeographischen Forschung in der Bundesrepublik Deutschland
in: Erdkunde Bd. XXVII, H. 1 1973, S. 26–34

ders.:
Aufgaben und Probleme der Stadtgeographie
in: Erdkunde VII, 1953, S. 161–184

Forschungsbilanz der Stadtgeographie über die Jahre 1938–1952 (in Erdkunde VII) sowie von 1952–1970 (in Erdkunde XXVII, jedoch hier nur deutschsprachige Veröffentlichungen) mit Bibliographie der wichtigsten stadtgeographischen Titel.

Schöller, P. (Hrsg.):
Zentralitätsforschung
„Wege der Forschung" Bd. 301
Darmstadt 1972, 497 S., Wissenschaftl. Buchgesellschaft

Stadtregionen in der Bundesrepublik Deutschland
= Raum und Bevölkerung 1, Bd. XIV
Bremen-Horn 1960, 237 S., Walter Dorn Verlag

Neben der Behandlung der großstädtischen Agglomerationen in der Bundesrepublik Deutschland sind besonders die Grundsatzerörterungen von Boustedt über die Abgrenzung von Stadtregionen lesenswert.

The World's Metropolitan Areas
Berkeley und Los Angeles 1959, 115 S.,
University of California Press

Zusammenstellung der Großstadtagglomerationen der Erde auf der Basis von Kreisstatistiken. Die Erfassung geographischer Großstadteinheiten erfolgt demzufolge nur in erster Annäherung.

2.7. Angewandte Geographie, Raumforschung, Landesplanung

Bartels, D.:
Leitbilder der Raumordnung als quantifizierte Zuordnungsmodelle
in: Zeitschrift für Wirtschaftsgeographie 58. Jg.,
Hagen 1970, S. 65–79

Entwicklung eines mathematischen Modells zur Darstellung der Verkehrsbeziehungen, der Einkommenszusammenhänge, der optimalen zentralörtlichen Versorgung, der Flächennutzung und der jeweiligen Nebenbedingungen.

Bauer, L. u. Weinitschek, H.:
Landschaftspflege und Naturschutz 3. Aufl.
Jena 1973, 382 S., VEB Gustav Fischer

Bewährtes Handbuch, in dem deutlich wird, wie sehr bereits Ergebnisse geoökologischer Forschung in der Landespflege Verwendung finden.

Beobachtungen zur Stadtentwicklung
Sozialwissenschaftliche Beiträge zur Stadt- und Regionalplanung
Bad Godesberg, Institut für angewandte Sozialwissenschaft,
Regionalsoziologische Abteilung 1962, 58 S.

Sammlung von drei Vorträgen, die sich aus der Sicht der Soziologie mit der Stadt und ihrer zukünftigen Entwicklung beschäftigen.

Bierhals, E. und Scharpf, H.:
Zur ökologischen und gestalterischen Beurteilung von Brachflächen
in: Natur und Landschaft (Zeitschrift für Umweltschutz
und Landespflege) 46, 1971, S. 31–34

Boesler, K.-A.:
Kulturlandschaftswandel durch raumwirksame Staatstätigkeit
Abhdl. d. 1. Geogr. Inst. d. Freien Universität Berlin Bd. 12
Berlin 1969, 245 S.
(siehe 2.6.4 – Boesler, K.-A.)

von Böventer, E.:
Walter Christallers Zentrale Orte und Periphere Gebiete
Rückblick nach 35 Jahren –
anläßlich des 75. Geburtstages von Walter Christaller
in: Geographische Zeitschrift Jg. 56, 1968, S. 102–111,
Wiesbaden
(siehe 2.6.8 – von Böventer, E.)

Buchwaldt, K. und Engelhardt, W. (Hrsg.):
Handbuch für Landschaftspflege und Naturschutz
Schutz, Pflege und Entwicklung unserer Wirtschafts- und Erholungslandschaften auf ökologischer Grundlage
Bd. I Grundlagen 245 S.
Bd. II Pflege der freien Landschaft 502 S.
Bd. III Pflege der besiedelten Landschaft 271 S.
Bd. IV Planung und Ausführung 252 S.
München, Basel, Wien 1968–1969;
Bayerischer Landwirtschaftsverlag (BLV)

Umfassendes Quellen- und Nachschlagewerk zu praktisch allen einschlägigen Fragen des gesamten Fachgebietes. Das Werk ist insbesondere für Geoökologen und Landesplaner sehr wertvoll. Die von 60 Fachleuten der mit der Thematik in Berührung kommenden Wissenschaften verfaßten Beiträge sind so ausführlich angelegt, daß auch dem Nichtfachmann die Probleme der ihm fremden Wissenschaft verständlich werden. Zu den Beiträgen gehören auch Aufsätze von Vertretern der durch Landschaftspflege und Naturschutz betroffenen Wirtschaftszweige.

Dawson, J. A.; Doornkamp, J. C.:
Evaluating the Human Environment
Essays in Applied Geography
London 1973, 296 S., Verlag Edward Arnold

Inhalt: Rural land evaluation; Agriculture and agrarian land planning; Water resources; Urban land evaluation; Manpower planning; Marketing; Politics; Air pollution; Health; Recreation; Conservation.
Sammlung von 11 Aufsätzen, die das breite Spektrum der interdisziplinär arbeitenden Angewandten Geographie vorstellt. Die Aufsätze machen u. a.

deutlich, daß viele Prozesse und Veränderung in unserer Umwelt nur bei gleichzeitiger Beachtung von physischer Geographie und von Anthropogeographie verstanden werden können.

Der Beitrag der Landwirtschaft zur regionalen Entwicklung
Raum und Landwirtschaft 6. Forschungsberichte des Ausschusses „Raum und Landwirtschaft" der Akademie für Raumforschung und Landesplanung. Forschungs- und Sitzungsberichte der Akademie für Raumforschung und Landesplanung, Bd. XXXVI, Hannover 1967, 277 S., Gebr. Jänecke Verlag

Landwirtschaftliche Areale in verschieden räumlichen Situationen – z. B. in der Nähe einer sich stark ausweitenden Industriestadt, in einem sich entwickelnden Erholungsgebiet u. a. – werden unter den Aspekten Bevölkerungsdichte u. -mobilität, Gemeindestruktur, Realsteueraufkommen, Verkehrsverhältnisse und Wirtschaftsstruktur betrachtet. Die sehr anschaulichen, mit hinreichendem Zahlenmaterial versehenen Beispiele gestatten aufschlußreiche Einblicke in die Voraussetzungen und Möglichkeiten zukünftiger regionaler Entwicklung.

Diederich, J.:
Soziographie und Städtebau –
mit Ergebnissen soziographischer Untersuchungen in der Stadt Hanau
Schriftenreihe: Stadt- und Regionalplanung, herausgegeben von P. Koller und J. Diederich
Berlin, New York 1971, 138 S., Walter de Gruyter Verlag

(siehe 2.6.8.1 – Diederich, J.)

Frey, R. und Schmidt-Relenberg, N.:
Totale Wohnung
Projekt, Ideen für die Umwelt von morgen, 1,
Stuttgart, Bern 1969, 75 S., Karl Krämer Verlag

(siehe 2.6.8.1 – Frey, R.)

Gildemeister, R.:
Landesplanung
Das Geographische Seminar
Braunschweig 1973, 166 S., G. Westermann Verlag

Das Buch gibt eine Übersicht über die Probleme der Landesplanung aus der Sicht des in der Praxis tätigen Geographen. Die praktischen Arbeitsweisen wurden dabei noch nicht in Betracht gezogen. Ihre Darstellung soll einem zweiten Band vorbehalten bleiben. Die Beispiele beschränken sich im wesentlichen auf das Gebiet der Bundesrepublik Deutschland. Inhalt: Geschichte und Wesen der Landesplanung, Probleme und Aufgaben im Planungsraum (Begrenzung und Gliederung des Planungsraumes, Infrastruktur des Planungsraumes, zentrale Orte als Problem der Landesplanung, ländlicher Raum, Verdichtungsraum, Erholungsraum)

Grundlagen und Methoden der landwirtschaftlichen Raumplanung
Akademie für Raumforschung und Landesplanung
Hannover 1969, 452 S., Gebr. Jänecke Verlag

Haggett, P.:
Einführung in die kultur- und sozialgeographische Regionalanalyse
Berlin, New York 1973, 384 S., de Gruyter Verlag
(siehe 2.6 – Haggett, P.: Einführung . . .)

Handwörterbuch der Raumforschung und Raumordnung, 3 Bde.
Hannover 1970, insgesamt 3974 Spalten,
Akademie f. Raumforschung u. Landesplanung,
Verlag Gebrüder Jänecke
(siehe 1.3.1 – Handwörterbuch der Raumforschung . . .)

Keller, R. (Hrsg.):
Run-off Regimen and Water Balance II
Flußregime und Wasserhaushalt II
2. Bericht der IGU-Commission on the International
Hydrological Decade
Freiburger Geographische Hefte, H. 12, Freiburg 1972, 179 S.
(siehe 2.5.5 – Keller, R. (Hrsg.): Run-off . . .)

Keller, R.:
The role of Geography within the International Hydrological Decade
in: Freiburger Geographische Hefte, H. 6, Freiburg 1968, S. 7–10
(siehe 2.5.5 – Keller, R. (Hrsg.): Flußregime und Wasserhaushalt)

Kilchenmann, A.:
Quantitative Geographie als Mittel zur Lösung von planerischen Umweltproblemen
in: Geoforum 12/1972, S. 53–71, Braunschweig

Verf. zeigt an eindrucksvollen Beispielen die Bedeutung der quantitativen Geographie für die Beschaffung von Entscheidungsgrundlagen bei raumplanerischen Umweltproblemen. Der Aufsatz enthält außerdem ein reichhaltiges Literaturverzeichnis über quantitative Methoden in der Geographie.

Korte, H. (Hrsg.):
Soziologie der Stadt
München, 1972, 206 S., Juventa Verlag

Stadtplanung und Städtebau sind – diese Einsicht ist zwar alt, blieb jedoch weitgehend unbeachtet – Gegenstand interdisziplinärer Forschung und u. a. Objekt der angewandten Geographie. Das Buch enthält eine interessante Sammlung von 6 Aufsätzen, die den soziologischen Beitrag skizzieren.

Krysmanski, R.:
Die Nützlichkeit der Landschaft
Überlegungen zur Umweltplanung
Beiträge zur Raumplanung Bd. 9
Düsseldorf 1971, 224 S., Bertelsmann Universitätsverlag

Reichhaltige Materialsammlung zu Fragen der Landschaftsplanung und des Fremdenverkehrs.

Küpper, U. I. und Wolf, R.:
Umweltschutz in Raumforschung und Raumordnung
Mitteilungen aus dem Institut für Raumordnung H. 79
Bonn-Bad Godesberg 1973, 79 S.

Leser, H.:
Zum Konzept einer Angewandten Physischen Geographie
in: Geographische Zeitschrift 61 Jg. 1973, H. 1, S. 36–46

Lohmann, M.:
Natur als Ware
Dokumente und Kommentare zu Streitfragen der Raumplanung
München 1972, 255 S., Carl Hanser Verlag

Ludmann, H.:
Von der Wohnzelle zur Stadtstuktur
Projekt, Ideen für die Umwelt von morgen, 4
Stuttgart, Bern 1968, 48 S., Karl Krämer Verlag

Methoden der empirischen Regionalforschung (1. Teil)
Veröffentlichungen der Akademie für Raumforschung
und Landesplanung
Forschungs- und Sitzungsberichte Bd. 87
Laatzen/Hannover 1973, 230 S., Gebrüder Jänecke Verlag

Wertvolle Methodensammlung der empirischen Regionalforschung.
Inhalt (Auswahl): Schaefer, H.: Die Schätzung regionaler Bewegungskomponenten von Zeitreihen mit Hilfe traditioneller Methoden; von Boeventer, E.: Regressionsanalyse; Hampe, J.: Die Bedeutung der Regressionsanalyse in der Regionalforschung; Geisenberger, S.: Spektralanalytische Methoden zur Untersuchung von Zeitreihen; Klemmer, P.: Die Shift-Analyse als Instrument der Regionalforschung; Ders.: Die Faktorenanalyse als Instrument der empirischen Strukturforschung; Klatt, S.: Simulationsverfahren als Instrument der empirischen Regionalforschung.

Moewes, W.:
Integrierende geographische Betrachtungsweise und angewandte Geographie
in: Geoforum, Journal of Physical, Human and Regional
Geosciences, H. 7/71
Braunschweig 1971, S. 55–68

Der Aufsatz stellt zur Diskussion, was für das Verständnis der Abhängigkeiten im Ökosystem Mensch-Umwelt und für die Umweltgestaltung von Nutzen sein könnte.

Priebe, H.:
Landwirtschaft in der Welt von morgen
Düsseldorf 1970, 451 S.
(siehe 2.6.7.1 – Priebe, H.)

Rissel, H.:
Agglomeration und Erschließungsaufwand
Göttingen 1973, 212 S., Vandenhoeck & Ruprecht

Verf. überprüft „die Richtigkeit gelegentlich geäußerter Vorstellungen über den Zusammenhang zwischen der Höhe der Infrastrukturkosten und dem Maß der Ballung" und leistet damit wertvolle Grundlagenarbeit für Stadtgeographen, Stadtplaner und Verkehrswissenschaftler.

Ritter, W.:
Fremdenverkehr in Europa
eine wirtschafts- und sozialgeographische Untersuchung über Reisen und Urlaubsaufenthalte der Bewohner Europas
Europäische Aspekte (Eine Schriftenreihe zur europäischen Integration) Reihe A Nr. 8, 250 S.,
A. W. Sijthoff Verlag, Leiden 1966

Erster Versuch einer Geographie des Fremdenverkehrs.

Rosenberg, F. und Hruska, E.:
Städtebau in Ost und West
Schriftenreihe der Niedersächsischen Landeszentrale für politische Bildung
Hannover 1969, 119 S., Niedersächs. Landeszentrale für politische Bildung

F. Rosenberg behandelt „Städtebau und Raumordnung dargestellt am Beispiel der Bundesrepublik Deutschland", E. Hruska „Raumplanung und Städtebau im Osten".

Ruppert, K. (Hrsg.):
Der Tourismus und seine Perspektiven für Südosteuropa
WGI – Berichte zur Regionalforschung, H. 6
München 1971, 186 S., Wirtschaftgeographisches Institut

Ruppert, K.; Maier, J. (Hrsg.):
Zur Geographie des Freizeitverhaltens
Beiträge zur Fremdenverkehrsgeographie
Münchner Studien zur Sozial- und Wirtschaftsgeographie Bd. 6
Kallmünz/Regensburg 1970, 90 S., M. Laßleben Verlag

Stamp, L. D.:
Applied Geography
Pelican Books A 449
Harmondsworth, Middlesex 1960, 208 S., Penguin Books
Vorwiegend an Beispielen aus Großbritannien wird die Bedeutung geographischer Forschung und Analyse für die Landesplanung dargelegt.

Steinberg, H. G.:
Methoden der Sozialgeographie und ihre Bedeutung für die Regionalplanung
Beiträge zur Raumplanung, Bd. 2,
Köln/Berlin/Bonn/München 1967, 90 S., Carl Heimanns Verlag KG

Steinberg, H. G. (Hrsg.):
Landesplanung und Raumforschung
(Wege der Forschung, Bd. CCCXXX)
Darmstadt 1972, Wissenschaftliche Buchgesellschaft

Versorgungsnahbereiche als Kleinzentren im ländlichen Raum
Forschungsberichte des Ausschusses „Raum und Landwirtschaft“ der Akademie für Raumforschung und Landesplanung
Forschungs- u. Sitzungsberichte Bd. 47,
Hannover 1969, 244 S., Gebrüder Jänecke Verlag

Wasserversorgung und Umweltschutz in der Chemischen Industrie
– dargestellt am Beispiel der BASF Ludwigshafen
Forschungs- und Sitzungsberichte Bd. 79, Raum und Natur 3 der Veröffentlichungen der Akademie für Raumforschung und Landesplanung
Hannover 1973, 165 S., Gebr. Jänecke Verlag

Autoren-Register

Die Zahlenangaben hinter den Autorennamen beziehen sich auf die Dezimalklassifikation der Abschnitte des Buches (vgl. Inhaltsverzeichnis).

Notizen

Notizen

Notizen

Notizen

Notizen